LE TEMPS EST VENU

DU MÊME AUTEUR

Être une femme politique… c'est pas si facile !,
éditions de L'Archipel, 2007

Et si on parlait de vous ?,
éditions de L'Archipel, 2010

Controverses. Université, science et progrès,
avec Axel Kahn, NiL, 2011

Après le bac, mode d'emploi,
avec Jean-Paul Brighelli, Plon, 2012

Voulez-vous vraiment sortir de la crise ?,
Albin Michel, 2013

Et c'est cela qui changea tout,
avec Marion Van Renterghem, Robert Laffont, 2019

VALÉRIE PÉCRESSE

LE TEMPS EST VENU

BOUQUINS

92, avenue de France 75013 Paris
ISBN : 978-2-38292-237-8
Dépôt légal : mars 2022

Préambule

Redresser notre pays est devenu une ardente obligation. Je partage, avec la grande majorité des Français, la conviction que notre nation est aujourd'hui fracturée et affaiblie. Il faut rendre à nos compatriotes l'espoir et la fierté d'être français.

Je nourris une grande ambition pour la France. Une France fidèle à ses origines, son histoire, ses valeurs et ses idéaux. Une France forte et maîtresse de son destin. Une France qui ne se complaît pas dans la nostalgie et qui embrasse résolument l'avenir.

Mais comment être souverain si l'État, qui était à l'origine de toutes les grandes transformations du pays, apparaît à tous comme impuissant sinon injuste et englué dans ses complexités bureaucratiques ?

De la période récente, les Français auront surtout retenu la progression continue de l'insécurité et une immigration sans contrôle aboutissant à des zones de non-France. Ils auront assisté au désarroi des forces de l'ordre et de la justice. Ils auront compris que, faute de sérieux économique, ils se sont appauvris par rapport à leurs voisins ; pour beaucoup, la fin du mois intervient désormais dès le 10, une fois les factures payées, ne leur laissant que quelques euros pour tenir jusqu'à la prochaine paie. Ils auront vu nos fiertés d'hier, l'école, notre système de santé, ne plus tenir leur promesse d'éduquer tous les jeunes et d'offrir des soins de qualité partout sur le territoire. Ils auront mesuré la marginalisation de la France et la faiblesse de l'Europe dans la féroce bataille technologique et stratégique que se livrent les États-Unis et la Chine pour asseoir leur hégémonie mondiale.

L'autosatisfaction de nos gouvernants et l'anesthésiant d'une dépense publique sans limites ne peuvent masquer ces graves lacunes qui témoignent en réalité d'une crise profonde. Il n'y a pourtant aucune fatalité. Un autre destin est possible. Il faut simplement avoir le courage de bousculer un système à bout de souffle et se mettre au diapason de l'énergie des territoires et du dynamisme des Français.

Préambule

La crise que nous traversons est sans équivalent dans notre passé récent et ne pourra être surmontée ni par des mesures passéistes ni par des acrobaties d'illusionnistes, mais par des solutions sérieuses, à la hauteur des défis qui se présentent.

Ce qui compte plus que tout, c'est la France de demain, celle que nous léguerons à nos enfants. Nous devons regarder loin devant et nous réunir autour d'un projet construit sur les valeurs d'ordre, de dignité, de liberté, et poursuivre ainsi, dans l'unité, notre formidable aventure collective.

Depuis longtemps je sillonne la France. En écoutant les Français, j'ai perçu leur colère et compris leurs espoirs. J'ai croisé des regards atteints mais dignes. J'ai vu des compatriotes habités par la volonté d'agir quand tant de dirigeants préfèrent renoncer, en estimant, contre toute évidence, que soit « tout va bien » soit que l'« on a tout essayé ». Contre les sirènes du scepticisme et de la résignation, je veux renouer avec ce qui a fait la grandeur de notre peuple et incarner, par la force de l'action, une espérance soucieuse de tous et qui n'oublie personne.

C'est pourquoi j'ai décidé de construire un projet incarnant une Nouvelle France et de me porter candidate à la présidence de notre République.

Première partie

CE QUE JE SUIS

1

L'exemple d'une famille

Née un 14 juillet, je suis issue d'une famille gaulliste qui m'a appris très tôt le sens et la valeur du mot « engagement ». Une famille dont les membres ont toujours su dire non au renoncement et au fatalisme. Ce sont eux plus que tous autres qui m'ont aidée à me construire.

Mon grand-père maternel, Louis Bertagna, d'origine corse bien que né en Sarre, où son père était ingénieur des mines, fut un résistant de la première heure. Militant de la Jeunesse étudiante chrétienne, il refusa publiquement le Service du travail obligatoire imposé par l'occupant.

En 1942, ma grand-mère Élisabeth et lui étaient encore étudiants en médecine quand ils rejoignirent la rédaction clandestine de *Témoignage chrétien*. Tous deux appartenaient au réseau Comète qui aidait les soldats et aviateurs alliés à regagner le Royaume-Uni, et dont plusieurs membres furent arrêtés et déportés.

Du côté de mon père, quatre de ses frères aînés, tous beaucoup plus âgés que lui, étaient, eux aussi, des jeunes résistants du maquis alpin. Ils appartenaient en 1939 à une même troupe de scouts de haute montagne, dont le groupe s'est reconstitué en 1942 pour lutter contre l'occupant.

Mais, dans ma famille, on ne s'engage pas seulement durant les périodes sombres. En temps de paix, il est aussi de tradition de travailler pour le bien de la cité.

J'ai commencé par évoquer mes grands-parents maternels. Tous deux, médecins par vocation, profondément imprégnés de valeurs chrétiennes, œuvrèrent leur vie durant au service des plus fragiles. Ma grand-mère était pédiatre. Dotée d'une forte personnalité, elle a mené de pair son travail et l'éducation de ses cinq enfants. Mon grand-père était psychiatre, un homme très charismatique qui a beaucoup compté pour moi, d'autant plus que j'ai passé auprès de lui une partie de ma jeunesse.

Précurseur dans sa pratique de la médecine, il se disait « médecin de l'âme », après s'être longtemps battu pour faire reconnaître la dépression nerveuse comme une maladie à part entière. Dans cette période d'après-guerre où la psychanalyse s'était considérablement développée, la psychiatrie était souvent vue d'un mauvais œil et la dépression souvent considérée comme une forme de mélancolie réservée aux intellectuels. On recommandait aux dépressifs de se « prendre en main », de « ne pas se laisser aller ». Mon grand-père a beaucoup contribué à l'arrivée en France des médicaments antidépresseurs, notamment le lithium. À l'écoute permanente de ses malades, il avait acquis la certitude que la dépression devait se soigner comme toute autre pathologie. Louis Bertagna était un humaniste qui croyait aux vertus de la psychothérapie – c'est ainsi qu'il a sauvé bien des vies. Ses patients l'aimaient, le mot est faible. Il avait une consultation à l'hôpital Cochin pour soigner tous ceux qui n'avaient pas les moyens d'une consultation privée à son domicile.

« La dépression, on en sort toujours » : sa phrase fétiche était une leçon de vie, un message d'espoir. Son exemple a été pour moi une source constante d'inspiration. Je lui dois d'avoir nourri ma propre vision de l'existence comme mes convictions les plus profondes.

Parmi ceux que mon grand-père appelait ses « paroissiens » figuraient quelques écrivains célèbres. C'est ainsi que j'eus la chance de côtoyer

Romain Gary et André Malraux, qui furent tous deux présents au mariage de mes parents. Mon grand-père les soignait l'un et l'autre, ainsi que la femme de Romain Gary, Jean Seberg, la formidable actrice américaine qui donnait la réplique à Jean-Paul Belmondo dans *À bout de souffle*, le film qui lança la Nouvelle Vague. Avec Malraux, mon grand-père a entretenu un long dialogue qui fut à l'origine de *Lazare*, l'un de ses tout derniers livres. Je me souviens d'être allée chez lui à Verrières-le-Buisson. Je n'avais guère plus de sept ou huit ans. Malraux était déjà un vieux monsieur. Il m'appelait « mon petit chat ».

En revanche, j'ai peu connu mes grands-parents paternels. Mon grand-père, Louis Roux, fils de colporteur, était mercier bonnetier à Gap, dans les Hautes-Alpes. Je me rappelle son béret, et sa moustache quand il m'embrassait. Son entrepôt était une véritable cache au trésor. Dans le froid de l'hiver, on y sentait l'odeur du vin chaud à la cannelle qui mijotait sur le poêle. Ma grand-mère Léontine est morte dans la soixantaine, après avoir élevé sept enfants – six garçons et une fille.

Mon père était le petit dernier : le tardillon, comme on disait à l'époque. Pour lui donner une chance de réussir, et par souci de bien faire, mes grands-parents l'avaient placé, dès l'âge de huit ans, dans le rude pensionnat de Notre-Dame du Laus, en pleine montagne, puis chez les jésuites en Avignon. Le déracinement a été rude, mais lui a aussi été bénéfique car il le poussa à faire de longues études. Il est ainsi devenu l'« intellectuel » de la famille. « Monté à Paris » après son doctorat, il a appartenu à l'équipe pédagogique qui a fondé la nouvelle université Paris-IX Dauphine. Une université atypique qui s'est imposée comme une vraie concurrente des grandes écoles de commerce. J'y ai moi-même étudié plus tard et elle m'a servi de référence lorsque j'ai engagé la réforme des universités. Mon père était un pédagogue-né, charismatique et adoré de ses étudiants. Professeur émérite, il consacre aujourd'hui une partie de son temps à organiser des programmes éducatifs en Afrique, un continent cher à son cœur.

Ma mère, une littéraire, est tombée amoureuse de lui très jeune. La fille de la bourgeoisie qu'elle était a tout plaqué pour ce grand étudiant débarqué à Paris, qui tenait alors une blanchisserie pour améliorer ses fins de mois et jouait en première division de handball. Ils se sont mariés à vingt-trois ans et je suis née neuf mois après. Ma mère, brune avec de grands yeux noirs, était une vraie mère méditerranéenne, très investie auprès de mon frère et moi, et qui n'a eu de cesse de me répéter très tôt : « Il faut que tu sois indépendante, que tu aies un métier. » Tout ce dont elle avait rêvé pour elle-même, la carrière qu'elle n'avait pas eue, elle le voulait pour nous, et moi en particulier. Le discours de mon père était tout aussi clair : « Travaille, fais des études : ton seul héritage, ce seront tes diplômes. » Mon père n'a jamais oublié d'où il venait et a toujours travaillé dur pour nous assurer le meilleur dans la vie.

Je mesure la chance d'avoir eu une enfance équilibrée dans une famille unie, qui avait le goût de la réussite et de l'épanouissement pour chacun des siens. Marquée à la fois par la Résistance, par le gaullisme, par les livres, par une certaine idée de la liberté et de l'indépendance et par un engagement catholique à dimension sociale.

J'étais une petite fille assez solitaire – mon frère n'est arrivé que six ans après ma naissance – et mes parents me confiaient volontiers à mes grands-parents maternels. Ma mère Catherine était l'assistante de mon grand-père, qui recevait une partie de ses malades chez lui, dans son appartement parisien qu'il avait complètement réaménagé de façon à éviter que ses patients ne se croisent. Nous vivions dans la pièce principale meublée de canapés noirs des années 1970 en gros velours, d'une table de salle à manger, d'une grande télévision et, surtout, d'une vaste bibliothèque qui couvrait deux pans de murs.

J'ai commencé à lire très jeune. Je dévorais les livres, avec enthousiasme et passion, parfois méthodiquement lorsque je ne voulais plus quitter un auteur, comme ce fut le cas avec Dumas, Pagnol, Stendhal, Zola ou Romain Gary. C'est à travers ces lectures que j'ai commencé à me forger un panthéon personnel dans lequel sont entrés tout de suite, en majesté et avec panache, d'Artagnan et Cyrano. À l'époque, je n'avais pas tout à fait conscience que le mot «héros» pouvait aussi s'écrire au féminin. Plus tard, j'y ai ajouté Antigone.

Même si ce n'est pas juste, j'imaginais que «livre» et «libre» avaient une étymologie commune. Je me laissais emporter par l'ivresse et le bonheur de pouvoir passer d'un imaginaire à un autre : de *La Gloire de mon père*, *Germinal*, *La Chartreuse de Parme* à *La Promesse de l'aube* et *La Condition humaine*... Mais je pouvais aussi dévorer les volumes de *San-Antonio* qui m'ont révélé la saveur et la richesse d'une langue mêlant argot et poésie.

Les frères de mon père s'étaient dispersés entre Nice, Gap et Marseille. L'été, je retrouvais ma ribambelle de cousins dans le Sud de la France. Tous dotés d'un fort tempérament méditerranéen qu'ils avaient hérité de leurs pères. Aussi fallait-il savoir se faire entendre lorsque, réunis autour de grandes tablées, nous échangions nos différentes opinions – ce qui ne manquait pas de provoquer des étincelles. Les femmes n'étaient pas les dernières à intervenir dans ces discussions parfois houleuses. Elles avaient un caractère bien trempé et m'ont appris aussi à être gourmande de la vie.

Comme elles, j'aime cuisiner, avec une préférence pour la cuisine de terroir et un péché mignon : les fromages de France – je suis d'ailleurs membre de la Confrérie des chevaliers du Brie. Le vin tient également une place toute particulière dans ma passion de la gastronomie, puisque ma belle-famille, fidèle à la tradition des marchands de vin corréziens, continue de produire, en Gironde, le Canon Pécresse, près de Saint-Michel-de-Fronsac, « un vin d'équilibre intense et soyeux, apte à de longues gardes ».

J'ai toujours été convaincue que le goût des autres est inséparable du goût de la vie. Enfant puis adolescente, j'ai réalisé qu'une des clés pour comprendre les êtres est d'abord de connaître les lieux où ils habitent. La France est une histoire mais aussi une géographie, on l'oublie trop souvent. Et quelle géographie ! J'ai aimé parcourir ses territoires et éprouvé de vives émotions devant la beauté et la richesse de ses paysages – des marais salants de la Brière à la basilique de Vézelay, de l'aqueduc de Millau au Mont-Saint-Michel – fruits éclatants de la créativité et de la sensibilité humaines. Étudiante, je voulais tout connaître de Paris, de ses quartiers que j'arpentais en tous sens, avec une curiosité insatiable.

Dans mes jeunes années, les livres restaient une des meilleures façons de connaître l'âme humaine, de m'initier aux réalités du monde. Après Gary et Malraux, ce furent les chefs-d'œuvre de la littérature russe : *Anna Karénine*, *Crime et Châtiment*, *Guerre et Paix*, *La Mouette*... Un univers de passions, peuplé de grandes héroïnes, qui enflammait mon imagination. Pour mieux le comprendre, j'ai voulu apprendre la langue de Tolstoï et de Dostoïevski. Voilà pourquoi, avec la bénédiction de mon père et suivant ses encouragements – « Va jusqu'au bout de tes passions » –, je suis partie, à quinze ans, dans les camps de jeunesse communistes, en Union soviétique. Une des seules façons d'apprendre le russe à cette époque.

Je passai l'été de mes seize ans sur la Baltique et à Leningrad à vivre une expérience linguistique mais aussi sociale et politique dans la période finissante de l'Empire soviétique, celle d'Andropov et de Tchernenko. La réalité que l'Occident achèvera de découvrir après la chute du mur de Berlin, je la mesure dès ce moment-là : la pauvreté des populations, les queues devant les magasins vides, les Beriozka, ces magasins réservés aux touristes et aux membres de la nomenklatura, les dirigeants du régime, où l'on payait en devises étrangères, les infrastructures vieillissantes, le chocolat de synthèse… et, surtout, le poids de la propagande et de la censure. Je venais de lire *Le Docteur Jivago* de Boris Pasternak. J'en parlais avec passion à mes camarades du camp Artek, à Yalta… qui ignoraient tout de cet écrivain et de ce roman qui lui avait pourtant valu le prix Nobel de littérature. Et pour cause : censuré, il avait été effacé de la mémoire collective. De retour en URSS pour travailler à l'ambassade de France à Moscou cinq ans plus tard, en pleine perestroïka, je réserverai d'ailleurs ma première visite à la maison de Pasternak à Peredelkino.

Bien plus tard, lors ma première rencontre avec Vladimir Poutine, cet apprentissage se révéla utile. C'était à Sotchi, lors d'une réunion bilatérale de nos deux gouvernements. François Fillon, alors Premier ministre, me présenta comme sa « ministre des Universités russophone » ; Poutine me regarda fixement, d'un air froid, et me demanda non pas « *Potchemou ?* » (« Pourquoi ? »), mais « *Za tchem ?* »

(« Dans quel but ? »). Tout Poutine était dans cette interrogation. Pour cet ancien du KGB, si j'avais appris le russe, ce ne pouvait être par choix personnel mais uniquement pour des raisons professionnelles, dans le « but » de devenir une espionne. Je lui répondis en russe que j'avais appris sa langue par admiration pour ses grands écrivains. Littérature et politique peuvent parfois se confondre.

2

Servir l'État, servir la France

J'ai été imprégnée très jeune de la culture du service public, entre l'hôpital où travaillaient mes oncles et l'université où enseignait mon père. Mais, en terminale, j'ai choisi une autre orientation : je voulais intégrer une école de commerce. Avant tout par souci de gagner ma liberté et d'assurer mon indépendance financière, comme ma mère me l'avait conseillé.

HEC a été très bénéfique à la littéraire que j'étais. J'y ai découvert l'action, le travail d'équipe, le sens du concret, la valeur des résultats et de la bonne gestion. J'y ai compris l'importance de la libre entreprise pour la prospérité et la souveraineté d'un pays. Toutes choses qui irriguent aujourd'hui l'ambitieux projet que je propose aux Français. Mais le service public restait en moi une vocation refoulée. J'aspirais de plus en plus à servir l'État, à rejoindre la « haute fonction publique ». À me trouver, en un mot, au cœur d'un pouvoir susceptible de changer la société, d'œuvrer à la transformation de mon pays. La voie la plus directe restait l'ENA.

Nous étions à la fin des années 1980, à une époque où la réussite financière était pour beaucoup la valeur essentielle et où il valait mieux devenir *golden boy* – un mot qui n'existe qu'au masculin, déjà... – que haut fonctionnaire. J'étais à contre-courant de l'opinion dominante parmi mes camarades, la seule de ma promotion à passer de HEC à l'ENA. Un choix incompréhensible pour beaucoup de mes amis. À ma grande surprise, mais après avoir beaucoup travaillé en toute discrétion pour y parvenir, j'ai été reçue. Ce qui m'a permis de rejoindre le Conseil d'État, avec une idée en tête : exercer la fonction de juge. Le juge était pour moi ce personnage sacré qui disait le droit et réparait les injustices. Mon rêve devenait réalité en intégrant ce grand corps de l'État, qui est à la fois un tribunal et le conseil juridique du gouvernement, à la frontière entre l'administratif et le politique.

Pendant huit ans, j'ai accompli mon travail de juge avec deux spécialités dues au hasard des affectations, et qui n'avaient pas grand-chose à voir l'une avec l'autre : d'une part, le droit de l'audiovisuel et d'Internet qui se créait alors et, d'autre part, la responsabilité des hôpitaux, où j'ai été confrontée à la détresse des familles victimes d'erreurs médicales.

Au lendemain de la crise du sang contaminé, la notion de responsabilité médicale a profondément évolué. Alors qu'il fallait prouver jusque-là une faute lourde de l'hôpital pour obtenir réparation, les juges ont changé les choses et garanti les droits des malades. Un progrès salutaire ! Par nos arrêts et notre jurisprudence, nous avons rendu obligatoire l'information des patients sur tous les risques que comporte une intervention. Nous avons aussi contribué à instaurer une « responsabilité sans faute » de l'hôpital lorsqu'il est établi qu'une erreur médicale ou un dysfonctionnement se sont produits, laissant de graves séquelles aux malades. L'idée n'était pas de clouer au pilori des médecins qui ont fait de leur mieux lors d'opérations qui, par nature, comportent des risques, mais de permettre aux patients d'être indemnisés quand celles-ci se passaient mal.

Ma plus grande fierté a été de faire passer un arrêt dans lequel, prenant le contre-pied de la Cour de cassation, j'ai fait juger que toute vie vaut d'être vécue, même en situation de handicap. C'était pour moi une question éthique fondamentale. Et s'il y a bien une conviction qui a traversé toute ma vie, de mes débuts professionnels jusqu'à aujourd'hui, c'est bien celle de mettre au cœur de ma réflexion et de mes actions cette priorité donnée à la dignité humaine. À la suite de cet arrêt, une loi inscrivant cette avancée dans notre droit a été adoptée à l'initiative du professeur Jean-François Mattei, alors sénateur.

J'ai eu à juger de nombreuses affaires douloureuses, mais aussi à traiter des questions concernant directement l'avenir de notre société, comme l'interdiction du port du voile sur les photos des documents d'identité. C'était autant une question de laïcité que de sécurité et d'identification des personnes. Alors que notre pays devait affronter la montée du communautarisme, cette décision, déjà, se heurtait à tous ceux qui défendaient le droit à la différence face à la République une et indivisible. Une question qui, deux décennies plus tard, n'a rien perdu de son actualité. En 2020, j'ai saisi le gouvernement pour lui demander d'exiger que les photos sur les titres de transport soient faites tête nue. Depuis deux ans, le ministre de l'Intérieur et celui des Transports se renvoient la balle, et rien ne bouge…

Durant ces huit années, j'ai appris l'importance cruciale de l'État de droit et compris que le juge était une personne qui écoute, qui s'interroge, qui doute mais qui, à la fin, a, par la force des choses, la responsabilité de trancher.

Sans doute serais-je restée au Conseil d'État ou devenue professeur de droit si l'Assemblée nationale n'avait pas été dissoute en 1997. J'ai décidé alors de me porter candidate pour travailler à l'Élysée. J'ai rejoint Jacques Chirac au moment où le Président s'est retrouvé seul et où la plupart de ceux qui avaient des «plans de carrière», comme on dit, s'étaient détournés de lui. C'était pour moi un choix de conviction, je voulais lui apporter mon soutien, je croyais en lui.

Notre première rencontre remontait à 1993. À l'issue d'une cérémonie à Matignon où mon grand-père Louis Bertagna avait été décoré de la Légion d'honneur par Édouard Balladur, Jacques Chirac m'avait demandé à brûle-pourpoint : «La politique ne vous intéresse pas ?» Je ne m'attendais pas à cette question. Je lui ai répondu que je n'y avais jamais pensé. Mais cette idée en moi allait faire son chemin…

J'aimais chez Jacques Chirac sa conception de la politique, qui était d'abord une histoire de cœur avec les Français, comme il me l'a souvent rappelé. Son souci constant était de préserver le lien entre le pouvoir et les citoyens dans un esprit d'unité nationale. Pour lui, la fonction de chef de l'État supposait d'éprouver une vraie empathie pour l'ensemble de ses concitoyens. Sa volonté de réduire la fracture sociale m'a convaincue de m'engager à ses côtés. Cette priorité est restée la mienne dans tous les postes à responsabilité que j'ai occupés.

J'ajoute que Jacques Chirac appréciait le fait que je sois devenue corrézienne par alliance. Quand je lui ai appris que j'avais épousé Jérôme Pécresse, un ingénieur dont la famille était originaire du canton d'Ussel, son fief électoral, il s'était exclamé : « Ah ! Bon sang ne saurait mentir ! » Il appréciait aussi le fait que je sache parler le russe et le japonais, langues de ses cultures de prédilection.

Sous l'autorité de Jérôme Monod, ami et conseiller du Président, j'ai pris part au rassemblement de la droite et du centre qui a débouché sur la création de l'UMP en 2002. Et, après la réélection de Jacques Chirac, contre tous les pronostics à 82 % des voix, j'ai décidé de franchir le pas et de me soumettre au suffrage des Français aux élections législatives dans la 2e circonscription des Yvelines. Mon élection était loin d'être assurée face au général Philippe Morillon, candidat envoyé par François Bayrou, et qui était alors une personnalité très connue pour avoir été commandant en chef des forces de l'ONU pendant la guerre en Yougoslavie. Mais je l'emportai avec un score sans appel. Élue députée à trente-quatre ans.

3

Le pouvoir de faire

C'est à Nicolas Sarkozy que je dois d'être devenue ministre en 2007. Avec lui, le pouvoir était une énergie en mouvement. Il avait une ambition très haute pour la France dont il voulait que la voix porte dans le monde. Il comptait pour cela marquer le pays par des réformes puissantes et courageuses qu'il a su conduire à leur terme. Car, du courage, il en avait. Il avait formé avec François Fillon un gouvernement paritaire comptant beaucoup de jeunes talents. Ils me confièrent le ministère de l'Enseignement supérieur et de la Recherche dans un but précis : réaliser la réforme de l'autonomie des universités qui me tenait à cœur. Rien ne pouvait m'intéresser davantage. C'était un poste à risques, je ne l'ignorais pas. Depuis 1968, trois ministres avaient démissionné ou reculé après avoir tenté de revoir notre organisation universitaire. Cette réforme était pourtant indispensable, aussi bien pour le rayonnement de notre pays que pour assurer la réussite de nos étudiants et éviter, à terme, le départ à l'étranger de nos meilleurs talents.

J'ai souvent comparé la réforme à un élastique sur lequel il faut tirer au maximum sans qu'il craque – autrement dit sans revenir en arrière une fois qu'on a franchi une étape, mais en sachant à quel moment s'arrêter pour éviter d'aller trop loin au risque de tout faire échouer.

C'est ainsi que j'ai procédé pour les universités. Je passerai ici sur les différentes péripéties qui ont émaillé l'histoire de cette réforme, encore plus difficile à faire aboutir que je ne l'imaginais, et qui donna lieu, pendant neuf mois, à des manifestations et des blocages d'universités, parfois violents. J'ai tenu face à la rue. Et, surtout, j'ai été soutenue par le président de la République et par le Premier ministre. Le but a été atteint : les universités ont pu accéder à l'autonomie, fusionner ou se rapprocher pour former les universités de rayonnement international qui nous manquaient. Elles sont aussi devenues de vraies partenaires des grandes écoles et du monde de l'entreprise. Dix ans plus tard, les résultats se voient, y compris dans les classements internationaux. Cette expérience a achevé de me convaincre que la France peut être réformée pour peu que ses dirigeants, comme c'était le cas alors, en aient l'ambition et la volonté. Et j'observe que tous ceux qui n'ont pas eu de mots assez durs contre cette réforme ne sont pas revenus dessus quand ils sont arrivés au pouvoir. Preuve là aussi que la direction prise était la bonne.

En me nommant au ministère du Budget en 2011, en pleine attaque spéculative sur les dettes souveraines, Nicolas Sarkozy m'a permis d'acquérir une autre expérience de la gestion des crises financières. Dans ces épreuves particulièrement difficiles, il a su faire la preuve de son autorité, prenant l'initiative de mettre autour de la table les grandes puissances économiques et n'hésitant pas à les bousculer pour les convaincre d'adopter des solutions innovantes à la hauteur des secousses inédites que connaissait alors l'économie mondiale. En 2011, il a ainsi sauvé l'épargne des Français. Il m'a donné l'objectif de rétablir en quelques mois les finances très dégradées par la crise antérieure des subprimes. J'avoue ma fierté d'avoir réussi à relever le défi, en faisant en sorte, malgré un contexte électoral propice à toutes les surenchères, que les dépenses de l'État diminuent en valeur par rapport à celles de 2010. Un cas assez unique depuis l'après-guerre.

La vie politique comporte sa part de déception et de désenchantement. Dans les situations de rivalités et d'extrêmes tensions, où les querelles de partis l'emportent trop souvent sur les enjeux essentiels, il m'est arrivé, je l'avoue, de m'interroger. À quoi tout cela sert-il ? En quoi suis-je fidèle à ma vocation ? En 2015, j'avais besoin de trouver un nouveau challenge. La conquête, cette année-là, de la région Île-de-France me l'a apporté, satisfaction d'autant plus grande que cette victoire venait couronner un enracinement de plus de dix ans auprès des Franciliens, après une première élection au conseil régional en 2004 et une tentative, sans succès, d'en devenir présidente en 2010.

L'Île-de-France n'est pas cette région privilégiée que certains se plaisent à décrire. Certes, elle est de toutes la plus prospère économiquement, la plus innovante, la plus créative – de nombreux artistes et chercheurs y résident –, mais c'est aussi celle de tous les contrastes, avec des problèmes cruciaux à résoudre : inégalités territoriales et sociales, ghettoïsation des quartiers, pollution des centres-villes, dégradation des conditions de vie en matière de transports, de logements, insécurité croissante, et deux millions d'habitants dans une ruralité jusqu'alors négligée… Bref, il y avait beaucoup à faire, du concret, de la politique au meilleur sens du terme. C'est une véritable petite France, un territoire propice pour y tester les solutions aux défis du pays.

Je ne vais pas imposer ici le bilan des sept ans passés à la tête de la région Île-de-France. Il nous a valu, à mon équipe et à moi-même – une équipe jeune, diverse, à l'image de notre pays et de sa formidable énergie –, d'être réélus en 2021 avec des résultats qui ont confirmé la confiance que nous accordaient les Franciliens. Plusieurs des propositions qui figurent aujourd'hui dans mon projet pour la France s'inscrivent dans le droit fil des actions que nous avons entreprises et menées à bien dans le cadre du mandat régional. À la région, comme dans les deux ministères que j'ai successivement occupés, c'est le même esprit innovant et réformateur que j'ai essayé de faire prévaloir avec fougue et enthousiasme et qui m'a guidée dans les choix qui ont été les miens. Avec cette particularité d'être une femme dans l'exercice du pouvoir…

4

Une femme en politique

En avril 1944, le général de Gaulle donnait aux femmes le droit de vote. Il y a quelques mois, pour la première fois de son histoire, la droite républicaine a choisi une femme pour la représenter à l'élection présidentielle. Comment ne pas être reconnaissante à toutes celles et tous ceux qui m'ont accordé cette marque de confiance dans un moment si difficile pour notre pays ? Ma première pensée a été pour les femmes de ma famille dont l'exemple m'a tant inspirée et qui, à leur époque, étaient trop souvent reléguées au second plan.

Mon propre parcours ne me fait pas oublier le sort de celles parmi nous qui restent confrontées à des préjugés, voire à des discriminations dès que se présente un enjeu de pouvoir, en politique comme ailleurs. J'en ai moi-même souvent fait l'expérience dès le début de ma carrière. Mes rivaux ou adversaires ont tout tenté pour me déstabiliser en mettant en doute ma compétence, en me présentant selon les jours comme autoritaire ou laxiste, en me décrivant comme une bourgeoise bigote, scolaire et laborieuse… J'en passe. Chaque fois, les faits leur ont donné tort. Voilà pourquoi je demande constamment à être jugée sur mes actes et aujourd'hui sur le fond de mon projet. Les femmes ont toujours plus à faire que les hommes pour démontrer leur légitimité.

Pour preuve, cette anecdote que j'ai souvent racontée, mais qui n'a sans doute rien perdu de son actualité. Il y a presque vingt ans, jeune députée, j'étais venue présenter mon premier livre dans une émission télévisée dont l'animateur vedette crut bon de me poser cette question qui me paraît encore aujourd'hui ahurissante : « Et vous, madame Pécresse, avec qui avez-vous couché pour en arriver là ? » Remis à sa place, ce dernier a prétendu qu'il était capable d'interroger de la même façon un homme politique. J'attends toujours qu'il le fasse. Mais j'ai dû m'habituer à cette insolence à géométrie variable.

Lorsqu'il s'agit d'accéder à un véritable lieu de pouvoir, une femme doit se montrer deux fois plus vigilante, deux fois plus compétente qu'un homme.

Et une femme de droite... quatre fois plus. C'est ainsi et rien n'a vraiment changé au fil des années. Une certaine forme de misogynie s'exprime, le plus souvent inconsciemment. En politique, on adore donner aux femmes la place de l'éternelle seconde. J'ai recensé les postes à haute responsabilité qui n'ont jamais été occupés par des femmes... Le résultat est édifiant : présidence de l'Assemblée nationale, du Sénat, du Conseil constitutionnel. Pas une présidente de la République, et une seule femme Premier ministre depuis 1958 ! Il faut dire que la tradition vient de loin. Aucune femme n'a occupé le trône de France depuis Clovis, hors périodes de régence où la femme n'exerçait le pouvoir qu'en remplacement du roi, pendant son absence ou sa minorité. De ce point de vue, notre pays fait pâle figure par rapport à beaucoup d'autres grandes nations.

À la différence des milieux politiques, beaucoup a été fait dans le monde économique pour reconnaître la place des femmes, grâce, notamment, aux lois sur l'égalité salariale, à la loi Copé-Zimmermann sur la parité dans les conseils d'administration, au congé de paternité ou à la loi sur la féminisation des comités exécutifs des grands groupes. Reste à faire progresser dans le même sens chacune de nos entreprises et de nos administrations, afin de réduire, par des mesures spécifiques, les inégalités entre les sexes.

Ce n'est pas un hasard si autant de jeunes femmes sont venues travailler à mes côtés, y compris dans des fonctions très exigeantes au sein de cabinets ministériels ou politiques. Elles savent que je connais leurs contraintes et que, pour moi, seul compte le travail produit, non la quantité d'heures passées au bureau. Toutes les statistiques le montrent : durant les années de maternité, certaines femmes prennent des retards dans l'avancement de leur carrière, qui ne se rattraperont jamais. Dans un monde du travail tellement compétitif, ce n'est pas à quarante-cinq ans que l'on peut combler le retard pris à trente-cinq. Remettons donc les hommes et les femmes à égalité face à l'arrivée de l'enfant.

La solidarité féminine ne se vérifie pas toujours en politique. Le plus souvent, ce sont des affinités personnelles qui rapprochent les femmes, en fonction de leurs tempéraments et de leurs caractères. C'est pourquoi ma rencontre, il y a vingt ans, avec Simone Veil m'a si profondément marquée. Elle m'a prise sous son aile dès que j'ai été élue députée, en m'intégrant dans un petit cercle de réflexion politique transpartisan, le « club Vauban », qu'elle animait avec son mari Antoine Veil. Les petits-déjeuners commençaient à 8 heures très précises et duraient une heure et demie. C'étaient de vraies rencontres de travail. Il ne serait venu à l'idée de personne d'être là pour faire de la figuration.

Simone Veil était une femme exceptionnelle. Elle illustrait le vieil adage selon lequel « seul courage décore visage ». Elle était d'une franchise et d'une sincérité absolues, et dotée d'un fort caractère. Elle avait forgé son autorité naturelle à travers les épreuves les plus terribles qu'on puisse endurer. Ses colères étaient redoutées et, face à elle, les hommes, quel que soit leur niveau de pouvoir, filaient doux.

Elle me racontait sa jeunesse, l'épreuve des camps de la mort – « l'avilissement, les coups, les cris, rien ne s'efface » –, puis l'émotion de sa visite, en famille, des décennies plus tard, à Auschwitz. Elle me parlait de ses combats au Parlement européen, des conseils des ministres où ses homologues masculins ne la prenaient pas au sérieux. Elle m'expliquait comment elle avait dû se construire une carapace pour défendre la loi sur l'interruption volontaire de grossesse alors qu'elle était mère de famille et que des manifestants venaient l'insulter jusqu'en bas de chez elle. Au regard de ce qu'elle a traversé tout au long de sa vie, un mot me vient naturellement à l'esprit quand je pense à Simone Veil : le respect.

C'est tout naturellement qu'elle a accepté de prendre la tête de mon comité de soutien en 2010 lors de ma première candidature aux élections régionales. Antoine et elle venaient régulièrement nous rejoindre sur la péniche qui nous servait de QG et ils organisaient des dîners chez eux « pour me faire connaître du monde ». En toute circonstance, même lorsque le succès n'était pas au rendez-vous, ils répondaient présents. Ils n'étaient pas du genre à abandonner les amis dans une mauvaise passe ! J'aimais le couple inséparable qu'ils formaient après tant d'années passées dans l'œil du cyclone politique. Antoine l'appelait affectueusement et avec son humour habituel : « la mère Veil » – la merveille ! Il était son roc, et bien plus qu'un « prince qu'on sort », comme il s'amusait à se présenter.

Aujourd'hui, je me sens un peu dépositaire de ses combats et c'est pourquoi je veux faire des femmes, et en particulier de leur santé, l'une des priorités de mon quinquennat. Je milite depuis toujours pour le libre choix des femmes en matière de maternité. Attachée aux équilibres de la loi Veil, je ne suis pas favorable à l'extension des délais, mais je veux garantir à chacune un égal accès à l'IVG en organisant un réseau de maisons des femmes dans les quartiers populaires et territoires ruraux. Je veux également que toutes les femmes, y compris les plus jeunes, qui souhaitent garder leur enfant, même contre l'avis de leur famille, puissent le faire. Et c'est pourquoi depuis des années la région Île-de-France soutient les maisons qui les accueillent. Tout ce qui touche à la maternité et à la santé des femmes ne doit plus être tabou. C'est cela, pour moi, être fidèle à l'héritage de Simone Veil.

Avec des femmes issues d'autres familles politiques, il m'est arrivé de penser que, au-delà de nos divergences, nous avions en commun le souci de défendre certaines causes. Ce fut le cas avec Ségolène Royal quand, ministre des Universités et marquée par mon expérience d'étudiante, je combattis les dérives violentes de certains bizutages. Ce fut le cas aussi avec Édith Cresson qui avait à cœur de sauver les réseaux d'«écoles de la 2e chance» qui, comme leur nom l'indique, aident les jeunes ayant connu des difficultés à se construire un autre avenir. Elle les avait initiés lorsqu'elle était commissaire européenne. Ils étaient en quasi-faillite quand je suis arrivée à la tête de la région Île-de-France et je les ai redressés. Ils occupent une place importante dans mon projet de Nation éducative en vue de relever notre école.

Je suis juge de profession, ce qui est une raison supplémentaire de mon engagement ancien contre les violences faites aux femmes. Ce sujet n'a jamais été aussi présent dans le débat public, et c'est tant mieux. Les associations sont très actives dans ce domaine, les professionnels de la prévention et de l'accompagnement, la police et la justice sont mobilisés et les médias prompts à relayer leurs actions. Et, pourtant, tout ceci est loin, très loin, d'être suffisant. Il faut agir avec plus de détermination pour aider les victimes et ne plus se contenter de mots secourables et d'indignations sans effet. Les avancées législatives et les efforts de tous ne porteront vraiment leurs fruits que le jour où la justice disposera des moyens nécessaires pour prévenir et lutter efficacement contre ce type de violences.

C'est pourquoi une de mes premières actions portera sur la création dans chaque tribunal de postes de magistrats en charge des violences conjugales, avec des audiences hebdomadaires afin que soient prononcées des ordonnances de protection le plus rapidement possible et avant les six jours prévus par la loi qui ne sont malheureusement pas toujours respectés aujourd'hui. Or, 85 % des femmes qui meurent sous les coups de leur conjoint ont donné l'alerte dans des délais qui auraient permis de prévenir le drame. La création d'une telle juridiction présente sur tout le territoire et capable de décider vite sera une avancée majeure et s'inscrira dans le grand combat que nous devons mener pour le respect des femmes.

Par son ampleur, le mouvement #MeToo est parvenu à encourager leur prise de parole à la faveur du procès Weinstein, en les aidant à ne plus avoir peur. C'est grâce à ce mouvement que nombre d'entre elles ont pu révéler combien le viol et les agressions sexuelles étaient plus courants qu'on ne l'imaginait. Leurs victimes ont montré qu'aucune profession ne peut se prétendre à l'abri de telles atteintes à la dignité humaine.

Malheureusement, ce mouvement civique est parfois pris en otage par un activisme moins soucieux de défendre la condition féminine que de creuser un fossé entre hommes et femmes, en résumant toute relation de couple à un rapport de domination, jusqu'à instaurer un climat de méfiance généralisée entre les sexes. À force d'extrémisme, le féminisme radical et identitaire en est arrivé à fragiliser la juste cause que ses militantes pensent servir.

Ma conviction est que la cause des femmes doit être le combat de tous, hommes compris naturellement. Ce que je veux, c'est à la fois mobiliser toute la société et pacifier le débat sur ce sujet. Au féminisme idéologique, je préfère le féminisme concret qui vise à équilibrer les rapports femme-homme, non à les opposer. C'est le point de vue que défend la philosophe Élisabeth Badinter. Régulièrement attaquée et caricaturée, cette disciple des Lumières ne lâche rien, avec un panache admirable, face à l'offensive de toutes celles et de tous ceux qui, issus de sa famille politique, qui n'est pas la mienne, ont perdu leur boussole républicaine en criant haro contre l'universalisme pour lui substituer un différentialisme mortifère.

Si le chemin parcouru pour faire des femmes des citoyennes à part entière est immense, celui qui reste à parcourir ne l'est pas moins. De tous côtés, l'intégrisme religieux menace. Le retour au pouvoir des talibans en Afghanistan est une tragédie pour toutes les femmes afghanes réduites, pratiquement du jour au lendemain, à l'état de fantômes. Cette volonté de soumettre les femmes se retrouve dans notre pays. Après les tentatives d'imposer la burqa, qu'avec d'autres j'ai contribué à faire interdire dans l'espace public en 2010, l'offensive porte maintenant sur le voilement forcé des femmes et des petites filles. N'oublions pas qu'il y a quelques années le prêcheur proche des Frères musulmans, Tariq Ramadan, refusait de condamner la lapidation des épouses adultères. Ce qui ne l'empêchait pas d'être invité à bras ouverts aussi bien dans les meetings de l'ultragauche que sur les plateaux de télévision, où il avait su nouer quelques bonnes relations.

Enfin, les réseaux d'esclavage humain, qui font principalement le trafic du corps des femmes, perdurent y compris sur notre sol. Autant de signaux d'alerte qui doivent nous conduire à défendre sans faiblesse nos vraies valeurs et notre vrai mode de vie.

La crise sanitaire a révélé le rôle central des femmes et la vulnérabilité de tant d'entre elles. On les a vues en première ligne pour lutter contre l'épidémie dans les commerces et les hôpitaux, et les mères isolées ont souvent été les premières victimes économiques et sociales de la pandémie.

Beaucoup de femmes font aujourd'hui partie de ce qu'on appelle les « invisibles » de la République. Notre devoir et l'objectif que je me fixe sont de les aider à sortir de la précarité. Ces femmes doivent pouvoir vivre de leur travail. Voilà pourquoi je souhaite que les travailleurs de première ligne, qui sont souvent des travailleuses, soient prioritaires dans l'accès au logement social de leur ville, j'y reviendrai. Et, pour les mères seules, que l'on mette fin à l'injustice de la fiscalisation des pensions alimentaires destinées à leurs enfants, ce qui les prive souvent d'aides au logement ou de la prime d'activité. Pour les femmes vivant dans la rue, je veux que soient généralisés sur le territoire les accueils dédiés, comme ceux que j'ai créés en Île-de-France, qui leur permettent d'éviter les hébergements mixtes dans lesquels elles craignent de subir la violence des hommes. Et je tiens à rendre ici hommage à Elina Dumont, qui a vécu quinze ans dans la rue, avant d'en sortir et d'être aujourd'hui chroniqueuse à l'émission *Les Grandes Gueules*. Sa vie est marquée des plus terribles épreuves et d'une formidable espérance. Sa rencontre m'a bouleversée et a été déterminante pour me faire partager l'infinie détresse de ces femmes et trouver pour elles les solutions qui leur redonnent toute leur dignité.

Comment imaginer que l'élection de l'une des leurs à la présidence de la République n'entraîne pas autant de changements salutaires dans la vie de toutes les femmes de France ?

Deuxième partie

CE QUE JE CROIS

5

Nous sommes une nation

Parce que je crois en la France, je crois en l'idée de nation. Les deux sont indissociables à mes yeux.

S'interrogeant sur ce qu'était une nation, le philosophe Ernest Renan écrivait : « Ce qui constitue une nation, ce n'est pas de parler la même langue ou d'appartenir à un groupe ethnographique commun, c'est d'avoir fait ensemble de grandes choses dans le passé et de vouloir en faire encore dans l'avenir. » J'ai toujours aimé cette définition d'une communauté nationale où le désir d'un destin partagé l'emporte sur les différences d'origine, de culture et de convictions. C'est cette détermination à vivre ensemble, renouvelée à chaque génération, qui a fait de la France l'une des plus vieilles et des plus grandes nations du monde.

Bien sûr, notre pays a enduré des drames et des déchirements qui sont allés parfois jusqu'à la guerre civile. Ses frontières ont connu des extensions fulgurantes et des replis tout aussi brutaux. Mais, fondamentalement, au cours des siècles et malgré ces épreuves, a perduré, au-delà de tout, cette conscience farouche de participer à une aventure collective qu'aucun obstacle ne peut entraver durablement.

J'ai la passion de notre histoire, j'en suis fière, même si je n'ignore rien de ses zones d'ombre. Mais ce qui m'importe plus encore, c'est d'édifier la France de demain. J'entends certains de mes adversaires se complaire à outrance dans la nostalgie d'une nation où tout était « mieux », d'un prétendu âge d'or de la France, qu'ils situent autour des Trente Glorieuses. Mais de quoi nous parlent-ils au juste ? À l'aube des années 1960, un tiers des logements ne disposait pas de l'eau courante. Seule une petite minorité de jeunes Français avait accès à l'enseignement supérieur. La voiture, la télévision, le téléphone étaient des luxes de nantis. Notre espérance de vie était de treize ans inférieure à celle que nous connaissons aujourd'hui et nous vivions dans une plus grande précarité sociale.

Si ces années restent ancrées dans notre inconscient comme un formidable accélérateur du développement de notre pays, c'est précisément parce que, au-delà d'un contexte économique international favorable, des dirigeants inspirés et courageux ont su regarder loin devant, prendre des décisions ambitieuses et insuffler à notre nation tout entière le goût du travail et la foi dans le progrès.

D'un peuple meurtri et appauvri par la guerre et ses destructions, le général de Gaulle puis Georges Pompidou ont su faire, en l'espace de deux décennies, un peuple conquérant, à la pointe de la modernité. Airbus et le TGV (dont on fêtera cette année le cinquantenaire du premier vol pour l'un et des premiers essais pour l'autre), les avions de chasse Dassault, le programme nucléaire : autant de grandes épopées technologiques et industrielles qui nous donnent aujourd'hui un avantage compétitif sur nos partenaires et contribuent positivement à une balance commerciale par ailleurs lourdement déficitaire.

C'est le dynamisme hérité de cette époque qui nous a permis de faire entendre, à nouveau, notre voix dans le concert des nations. Voilà précisément pourquoi je veux retrouver cet esprit pionnier qui a fait le meilleur de notre histoire. Je rêve pour mon pays d'une société d'innovation et de création qui encourage nos chercheurs et nos entrepreneurs les plus audacieux, trop souvent tentés par l'exil à force de se voir imposer des restrictions et contrôles excessifs.

Nous sommes devenus le pays des règlements. Je veux que nous redevenions le pays des brevets. Nous sommes devenus le pays des carcans qui enserrent et étouffent les initiatives. Je veux que nous redevenions celui qui symbolise aux yeux des autres peuples la liberté de vivre, de créer et de penser. Car je sais que notre pays est infiniment plus dynamique et nos idéaux beaucoup plus hauts que ne le laissent supposer nos contraintes bureaucratiques, nos corporatismes rétrécis et des débats politiques surannés sur la nécessité ou non d'une repentance permanente.

Pourquoi vouloir nous obliger à ce choix binaire qui nous condamnerait à l'immobilisme, entre une histoire sans avenir et des lendemains sans mémoire ? Pourquoi vouloir oublier que, depuis les Lumières, la pensée française a contribué à façonner les systèmes politiques et à comprendre et orienter les civilisations humaines ? Nous devons rester en mouvement et tournés vers le futur si nous voulons préserver notre singularité et éviter qu'elle ne finisse par être diluée dans une mondialisation sans âme.

Cette richesse extraordinaire que nous avons reçue, nous avons le devoir de la transmettre aux nouvelles générations. À elles ensuite de revisiter cet héritage, de le remodeler, de le réinventer, de l'enrichir afin de mieux préserver ce qui fait l'identité profonde de notre pays, en lui donnant toute sa modernité. L'identité française est le fruit d'une longue histoire, d'une géographie, d'une langue et d'une culture exceptionnelles. Il n'y a pas de nation digne de ce nom qui ne sache concilier la sauvegarde de son héritage et l'idée de progrès.

Depuis dix ans, le fossé n'a cessé de se creuser entre nos métropoles profitant à plein de la mondialisation et nos villes moyennes et nos campagnes, frappées par le chômage, la désertification et l'abandon des services publics ; et la crise des Gilets jaunes en a été un puissant révélateur.

Notre République doit redevenir l'affaire de tous, c'est-à-dire une république des territoires, qui ne laisse personne à l'écart. C'est pourquoi nous devons investir dans ces villes moyennes, ces bourgs et ces villages qui sont l'âme de la France.

Je ne suis ni de ces responsables politiques qui pensent que notre avenir se joue uniquement dans les métropoles ni de ceux qui voudraient faire de nos territoires ruraux un gigantesque écomusée oubliant que les courbes magnifiques de nos paysages ont été sculptées de la main de femmes et d'hommes. Notre ruralité est une force entreprenante, une puissance innovante. C'est en étant attentif à chacun que la France trouvera les bases d'une nouvelle prospérité, les fondements d'une nouvelle souveraineté. Pendant trop longtemps, la politique de la ville, aussi essentielle soit-elle, s'est faite au détriment des territoires ruraux. Je mettrai fin à cette injustice en adoptant un principe d'égalité : un euro investi dans la ruralité pour tout euro mis dans la politique de la ville et en m'engageant à ne plus fermer aucune école rurale sans l'accord du maire.

Tout doit être fait pour maintenir et renforcer l'activité économique sur l'ensemble de nos territoires. Trop d'usines, de scieries, d'ateliers de transformation agroalimentaire sont menacés faute d'avoir investi dans un nouvel équipement. Trop de commerces, de restaurants, de bars-tabacs sont étranglés par une trésorerie insuffisante. Trop de projets portés par la jeunesse de ces communes n'aboutissent pas faute de trouver un financement bancaire. Pour développer ces activités et ces projets, je favoriserai l'investissement de proximité qui permettra à chaque Français de financer jusqu'à 20 000 € l'entreprise de son choix en bénéficiant de 50 % de réduction d'impôt.

Aucun Français ne doit se sentir relégué. Aucun Français ne doit avoir le sentiment que ses traditions sont négligées sinon méprisées.

Si être conservateur, c'est assumer une culture, des traditions, avoir le souci d'assurer une transmission et aimer son pays de toutes ses fibres, alors nul doute qu'une large majorité de Français le soit. De même, que signifierait une modernité qui ne viserait qu'à édifier une société sans passé ni références, dont la famille, l'école, l'entreprise, peu à peu déconstruites, cesseraient d'être les piliers ?

La France que j'aime et veux restaurer est une nation exigeante vis-à-vis d'elle-même, éprise d'ordre, de cohérence, et qui n'oublie pas sa vocation universelle. Une France qui incarne le refus de l'arbitraire et des désordres établis, une France consciente du modèle qu'elle représente aux yeux des autres peuples en raison de son histoire et de ses valeurs.

Je crois en notre capacité de décider par nous-mêmes de ce que nous voulons faire de notre pays. Mais la force d'une nation réside dans son unité. C'est pourquoi je crois plus que jamais nécessaire d'affirmer l'autorité de la loi et de défendre sans relâche les principes fondamentaux de notre République. Je crois que nous avons besoin de retrouver des repères clairs, que nous devrons mettre autant d'énergie à lutter contre ceux qui enfreignent nos règles qu'à aider ceux qui se sentent aujourd'hui écartés de notre aventure collective. Chacun doit être traité avec une égale dignité, sans autre distinction que celle du respect de la loi, du travail et de la liberté de l'autre.

Nous devons réapprendre à regarder ensemble vers un avenir partagé.

6

Le devoir d'autorité

Notre nation est aujourd'hui minée par des fractures profondes, des communautarismes agressifs qui compromettent sa cohésion. Il n'est pas un jour où les Français ne constatent combien la sécurité intérieure, la première des protections que leur doit l'État, est mise en échec. Les forces de l'ordre elles-mêmes n'ont jamais autant été prises pour cibles.

L'autorité est couverte d'opprobres. Les institutions auxquelles on reconnaissait, autrefois, une « autorité naturelle » sont systématiquement décriées, si ce n'est accusées d'oppression quand elles ne sont pas affublées des pires qualificatifs.

Famille, police, école, justice... C'est l'autorité de notre République qui se trouve mise en cause chaque fois qu'elle subit les coups de butoir répétés de l'individualisme, des revendications identitaires, de la culture de l'excuse et du relativisme moral. C'est maintenant au tour des services de secours – pompiers, médecins, SAMU – d'être menacés ou agressés par des voyous qui ne voient plus en eux que des institutions à caillasser.

Pourtant, toute vie en société a besoin d'autorité. Une exigence fondamentale pour la sauvegarde de notre pacte national. Restaurer l'autorité, c'est reconnaître que défendre l'ordre et la justice est une nécessité absolue sans laquelle il n'y a ni unité nationale ni progrès possible. Comme Charles Péguy l'écrivait dans les *Cahiers de la Quinzaine* : « L'ordre, et l'ordre seul, fait en définitive la liberté. Le désordre fait la servitude. »

Regardons la réalité en face. Les chiffres officiels parlent d'eux-mêmes : le nombre annuel de victimes d'atteintes aux biens ou aux personnes a dépassé les dix millions. Le nombre des coups et blessures volontaires a connu une constante augmentation durant ces cinq dernières années. La hausse des agressions sexuelles est dramatique et la cyber-escroquerie explose. Pendant cette même période, la France a été en Europe le pays le plus touché par le terrorisme islamiste, avec la moitié des attentats européens commis sur son sol. Mais, au-delà des chiffres, il y a l'horreur des actes commis qui nous ramènent à des temps de barbarie.

Dans mon bureau, j'ai installé la photo du professeur Samuel Paty, décapité pour avoir voulu enseigner à ses élèves la liberté de penser. Cette photo restera près de moi à l'Élysée quand je serai élue présidente de la République, car il ne faut jamais oublier pour ne jamais rien céder.

En matière d'autorité, nous savons tous que l'incertitude et l'indécision ne conduisent qu'à des impasses dramatiques.

Les mots ont leur importance. Comment un garde des Sceaux peut-il affirmer que craindre pour sa sécurité relève aujourd'hui du « fantasme » alors que le nombre des victimes d'agressions physiques monte en flèche ? L'insécurité n'est pas un sentiment mais une réalité vécue par des millions de Français.

Le double langage qui consiste, quand on est chef de l'État, à assurer la veille les forces de l'ordre de sa confiance et de son soutien, puis le lendemain à dénoncer les « violences policières », est lourd de conséquences. Il jette le doute et le discrédit sur celles et ceux qui ont, chaque jour, la responsabilité de plus en plus difficile de garantir notre sécurité. Embuscades, tirs de mortiers, véhicules caillassés et maintenant noms et adresses des familles dévoilés sont devenus leur lot quotidien.

Le fond du problème est qu'à l'insécurité s'est ajoutée l'impunité qui sape encore davantage l'autorité. Moins de 5 % des faits dénoncés donnent lieu à condamnation.

C'est la raison pour laquelle je crois aux vertus de l'impunité zéro. Il faut remettre de l'ordre dans la rue et, pour y parvenir, mobiliser tous les moyens humains, financiers, technologiques et juridiques.

Nous devons inscrire dans notre Constitution le droit à la sécurité afin que ce principe fondamental de la vie en société soit pleinement pris en compte au même titre que les autres libertés fondamentales protégées par les pouvoirs publics. Pour en consacrer le caractère solennel, l'article 2 de la Constitution sera complété par un principe clair : « La République permet à chacun de vivre en sécurité. »

Grâce à cette légitimité affermie, nous pourrons renforcer tous les maillons de la chaîne.

D'abord en donnant à nos forces de sécurité et de justice les moyens de travailler dignement. Aujourd'hui, la justice est noyée. Fait inédit sous la Ve République, cinq mille magistrats ont signé une tribune dénonçant des conditions de travail indignes. Et pour cause, la France compte deux fois moins de juges et de procureurs que l'Allemagne.

Les délais de jugement déraisonnables font de notre justice celle des victimes oubliées.

C'est pourquoi j'augmenterai de 50 % les moyens de la justice avec, à la clé, 16 000 recrutements dans tous les métiers concernés et la construction des prisons et des centres éducatifs fermés promis, qui ne sont jamais sortis de terre. J'équiperai les forces de l'ordre des technologies de pointe (vidéo-protection, caméras piéton ou embarquées, drones, intelligence artificielle…) qui rendront plus efficaces la prévention et la répression des infractions. Plus de la moitié des crimes et délits sont commis par une petite minorité d'individus. Utilisons les technologies pour les cibler en priorité.

Et, puisque dans ce domaine comme dans bien d'autres, rien de concret et de solide ne peut se faire sans le concours des maires, je préconise que les polices municipales soient armées et deviennent obligatoires dans les villes de plus de 5 000 habitants.

Le prochain quinquennat n'aura pas d'autre choix que de placer au premier rang des priorités le retour de la République dans les quartiers gangrénés par toutes les formes de délinquance. L'État doit reprendre le contrôle des territoires abandonnés aux réseaux mafieux, démanteler les trafics de drogue, stopper la libre circulation des armes.

L'impunité zéro sans laquelle l'autorité n'est plus qu'un vain mot passe par l'exercice d'une justice qui opère vite et bien. Je n'oublie pas le cri d'alarme lancé par les procureurs du tribunal de Bobigny, en Seine-Saint-Denis, et leur sentiment de «prononcer des peines fictives» faute d'être exécutées – ou beaucoup trop tardivement. Pour être plus rapide, plus efficace, pour retrouver toute sa légitimité, la justice doit être placée au cœur du projet politique. Les Français attendent qu'elle se recentre résolument sur ce qui est sa mission première : les protéger et donner force à la loi.

La première des décisions à prendre est de simplifier la procédure pénale. Près de la moitié du temps de travail des policiers est perdu en paperasse… Nos procédures judiciaires actuelles sont trop longues pour avoir le moindre effet et s'avèrent parfois très coûteuses pour les citoyens – avant de se solder trop souvent par un classement sans suite ou par un simple rappel à la loi. Là encore, il faut oser tout changer en déjudiciarisant tout ce qui peut l'être, c'est-à-dire en remplaçant des procédures lourdes et incertaines par des amendes fortes et automatiques.

À rebours de la circulaire du gouvernement qui ne demandait qu'une chose aux magistrats, faciliter tous les aménagements de peines et retarder leurs mises à exécution (elle était à ce point laxiste que le Conseil d'État a décidé de l'annuler !), il faut une sanction rapide, efficace et à la mesure du préjudice subi. Comme l'écrivait Cesare Beccaria, le fondateur du droit pénal moderne : « La certitude d'une peine, même modérée, fera toujours plus d'impression que la peur d'une autre, même plus terrible, mais qui serait inappliquée. »

Débarrassée des contentieux qui l'encombrent, la justice sera rendue plus vite. Les jugements pour les délits du quotidien seront prononcés en moins de six mois. Pour les flagrants délits, la comparution immédiate sera généralisée.

L'impunité zéro signifie aussi le retour des peines planchers automatiques pour les récidivistes violents ainsi que l'instauration d'une peine d'un an de prison ferme pour tous ceux qui agressent nos forces de l'ordre et toutes personnes dépositaires de l'autorité publique, qu'il s'agisse des élus, des pompiers ou des enseignants.

L'impunité zéro implique aussi l'abaissement de la majorité pénale de dix-huit à seize ans. C'est le seul moyen de donner un coup d'arrêt à la montée continue de la violence des mineurs, instrumentalisée par des délinquants qui savent que la minorité protège des fourches caudines de la loi.

L'impunité zéro exige enfin de mettre en place des saisies automatiques sur salaires ou sur prestations sociales pour que les victimes soient réellement indemnisées. Il faut également sanctionner pénalement les squatteurs de logements qui piétinent le droit à la propriété et méprisent ceux qu'ils spolient, et exclure de leur logement social les dealers.

Pour que l'impunité zéro soit pleinement efficace, toutes les peines de prison, y compris les peines courtes, doivent être exécutées. Les collectivités et les organismes publics seront sollicités pour encadrer des travaux d'intérêt général, afin que toutes les actions de vandalisme soient réellement réparées, et ce rapidement après les faits.

Il faut en terminer avec ces caïds qui paradent dans leurs quartiers, bracelet électronique au pied brandi comme un trophée, en provoquant la détresse de leurs victimes. Dès l'été de cette années, je lancerai la reconversion de bâtiments désaffectés en centres de détention provisoire pour les y incarcérer. En parallèle, je lancerai la construction de 20000 nouvelles places de prison, en divisant par deux les délais administratifs des chantiers.

Enfin, j'exigerai des détenus une participation financière à leur incarcération. Le Danemark et la Suisse le font. Payer sa dette à la société passe aussi par là.

Nos concitoyens n'en peuvent plus de ce déficit d'autorité qui restera la marque des dix années qui viennent de s'écouler. Cette crise crée un sentiment de révolte chez ceux qui respectent scrupuleusement la loi quand ils voient les autres la bafouer, au vu et au su de tous, sans être sanctionnés comme ils devraient l'être.

L'absence d'autorité ne peut pas être remplacée par des manifestations d'autoritarisme, qui se révèleraient tout aussi arbitraires et inefficaces. Rétablir l'ordre, c'est tout mettre en œuvre sereinement et fermement afin que la police et la justice soient à nouveau craintes et respectées. Je serai la Présidente d'une France qui protège les siens et sait se montrer implacable envers tous ceux qui ne respectent ni ses lois ni ses coutumes. Notre société n'en a jamais eu autant besoin.

7

Vaincre le totalitarisme islamique

Dans le passé, notre cohésion n'a jamais été totale. Mais l'école, le service militaire, les grandes institutions de notre République, un socle de traditions et de valeurs communes jouaient leur rôle et entretenaient le sentiment d'un avenir commun. Aujourd'hui, on voit se multiplier les tentations de replis, religieux, identitaires, sociaux. S'il est illusoire de penser pouvoir revenir en arrière, nous devons retrouver cette foi collective qui fait que la France, notre France, est un lien charnel partagé et non une collection d'individus vivant pour eux-mêmes, encore moins une juxtaposition de communautés.

Il faut regarder les choses telles qu'elles sont. Il y a des lieux où la France n'existe plus, ni par ses lois ni dans son mode de vie. Où est la France quand un professeur a peur rien qu'à l'idée de devoir parler de la Shoah ? Et qu'une femme ne peut plus s'asseoir seule à un café ni porter une jupe sans être prise pour cible ou se faire agresser ? Que reste-t-il de France quand, dans des magasins de jouets pour enfants, le visage des poupées est effacé parce que ce serait non conforme à une vision rigoriste de l'islam ?

Les habitants de ces territoires oubliés de la République, qui viennent souvent des quatre coins du monde, n'en peuvent d'une telle situation. Comme toutes les autres, ces familles aspirent à vivre dans une France où chacun est tenu au respect des lois et des valeurs communes. On se souvient de cette mère de famille de Montpellier expliquant au chef de l'État que son fils Mohamed lui avait demandé si le prénom Pierre existait vraiment, car il ne connaissait personne qui le portait. Il aura fallu plus de trois ans au Président sortant pour découvrir la question du séparatisme. Je n'oublie pas qu'il avait auparavant enterré de manière brutale le rapport de Jean-Louis Borloo sur les banlieues au motif, inouï, que ce n'était pas à « deux mâles blancs » de régler le problème des quartiers.

Quel Français pourrait se satisfaire de voir ses enfants ou ses petits-enfants vivre dans une société éclatée, communautarisée, apeurée, défrancisée ?

Tous ces replis identitaires, raciaux, ethniques, constituent une terrible régression pour notre République fondée sur le principe d'égalité des droits entre les citoyens. Un État digne de ce nom doit se montrer implacable pour rétablir l'ordre républicain partout où il est menacé et prendre toutes les mesures qui s'imposent pour stopper l'immigration incontrôlée, casser les ghettos, restaurer la sécurité et endiguer la montée de l'islamisme qui, par la terreur ou de manière plus insidieuse, cherche à saper les fondements de notre nation pour imposer sa loi à la République.

Il faut en finir avec ces quartiers propices à tous les trafics. Contre le séparatisme urbain, je mettrai en place une stratégie de peuplement. Nous ne pouvons plus laisser perdurer ces quartiers où l'on n'appelle plus les tours par les noms d'écrivains ou de musiciens qui leur avaient été attribués dans les années 1970, mais par la nationalité de ceux qui les occupent. En dix ans, nous devons, comme le fait le Danemark, reconstruire à la place de ces quartiers des cités à taille humaine où un nouveau mode de vie pourra s'épanouir. Pour cela, il faut inscrire dans la loi un plafond « anti-ghetto » afin d'interdire la multiplication de logements très sociaux là où il excèdent déjà plus de 30 %. Car, là où il n'y a pas de mixité, la République ne peut pas s'exprimer. Comme de nombreux élus de droite et du centre l'ont déjà fait dans leur ville, ces nouveaux quartiers doivent permettre aux habitants d'accéder à la propriété. Je donnerai aussi aux maires un droit de préemption renforcé pour lutter contre les marchands de sommeil qui prospèrent sur la misère et un droit majoritaire sur les attributions de logements sociaux. Présents chaque jour sur le terrain, les maires sont les mieux placés pour savoir quelles sont les familles méritantes et celles qui empoisonnent la vie de tout un quartier.

Lutter contre l'islamisme, c'est protéger les femmes. J'interdirai le voilement des fillettes et le port forcé du voile dans l'espace public. Je le prohiberai pour les accompagnatrices scolaires et déploierai si nécessaire des assistants du service public, de manière à ce qu'aucun enfant ne soit jamais privé de sortie. J'interdirai le port du burkini dans les piscines, comme je l'ai fait en Île-de-France en tenant bon face aux recours déposés contre ma décision.

Les terrains de sport ne sauraient devenir des lieux où l'on tolère les femmes à la condition que leur corps soit dissimulé pour se conformer à de prétendus principes religieux. En Île-de-France, j'ai supprimé toutes les subventions publiques aux clubs qui ne faisaient pas une large place aux femmes et leur ai imposé la signature d'une charte de la laïcité et des principes de notre République. Je regrette à cet égard que le gouvernement ait fait voter contre l'interdiction du voile dans les compétitions sportives.

Les prétoires n'ont pas davantage vocation à être des espaces publics où sont proscrites les règles les plus élémentaires de la laïcité. Le port du voile doit être banni pour toutes les professions à l'intérieur de nos tribunaux.

C'est l'école qui a construit notre République et c'est entre ses murs que se fera la reconquête républicaine au sein des ghettos urbains. Les écoles de ces quartiers feront l'objet de toutes mes attentions. Ici, comme ailleurs, je renforcerai l'enseignement de l'histoire de France et de ses valeurs, tout comme celui de la géographie et de la connaissance de notre pays. J'instaurerai chaque année, le 10 novembre, dans toutes nos écoles, une Journée nationale des héros français. Ainsi tous les enfants de France – d'où qu'ils viennent – pourront trouver dans nos grandes figures des modèles susceptibles d'inspirer leur propre cheminement.

Mais la lutte contre l'islamisme restera sans effet si nous ne parvenons pas à juguler une immigration devenue massive et incontrôlable à force d'être encouragée par des réseaux mafieux et le laisser-faire du gouvernement. Il faut avoir le courage de le dire : l'immigration telle qu'elle est n'est plus tolérable. L'impuissance et l'inertie des pouvoirs publics sont édifiantes. Sur huit étrangers interpellés en situation irrégulière, un seul est renvoyé chez lui. Ce laxisme est une insulte à l'État de droit ! Le lien est pourtant de plus en plus flagrant dans notre pays entre immigration et terrorisme, comme entre immigration et délinquance : à Nantes, où je me trouvais en décembre dernier, j'ai eu confirmation que près de 40 % des délinquants interpellés pour des délits sur la voie publique n'étaient pas français.

Une nation qui ne sait plus imposer ses règles est une nation en péril, méprisée à la fois par les enfants de ceux qu'elle a accueillis et par ceux-là mêmes qui cherchent par tous les moyens à la rejoindre.

La France doit reprendre le contrôle de ses frontières. Je ferai modifier la Constitution afin de mettre en place des quotas d'accueil qui seront décidés par le Parlement, par pays d'origine et par profession. Les clandestins doivent être reconduits dans leur pays d'origine. Lorsqu'un État refuse de reprendre ses clandestins, nous n'attribuerons plus aucun visa.

Il nous faut aussi mettre fin au scandale du maintien chez nous des demandeurs d'asile déboutés, en obligeant les étrangers à déposer leur demande hors de France, dans nos ambassades ou à la frontière. Et les étrangers qui postuleraient à un titre de séjour devront réussir préalablement un examen de français et démontrer qu'ils connaissent et respectent nos coutumes et notre culture.

Si on vient en France, ce n'est pas pour bénéficier des avantages sociaux qu'elle peut offrir, mais parce qu'on est disposé à y travailler et enclin à aimer notre pays. C'est pourquoi il faudra cinq ans de résidence régulière avant de pouvoir toucher des prestations sociales non contributives. Je mettrai également fin au regroupement familial et au droit du sol automatiques. Les enfants de parents étrangers ne seront plus naturalisés français sans en avoir fait la demande et avoir apporté la preuve de leur assimilation. Je dis bien « assimilation », et j'assume ce terme trop décrié alors qu'il relève du simple bon sens et qu'il figure depuis plus de deux siècles dans notre loi. L'assimilation, c'est la maîtrise de notre langue, la connaissance de notre histoire, l'adhésion sincère à nos valeurs. Avant de réclamer des droits, les étrangers qui souhaitent nous rejoindre doivent savoir qu'ils ont aussi des devoirs. Et pour qu'il ne subsiste plus aucune ambiguïté à ce sujet, je proposerai d'inscrire dans la Constitution que nul ne peut se prévaloir de ses origines ou de sa religion pour s'exonérer de la loi commune. J'observe que ce sont les pays qui appliquent des règles d'immigration et d'intégration strictes ainsi que des contrôles fermes qui offrent les meilleures conditions d'accueil sans rien perdre de leurs traditions.

Enfin, nous devons mieux armer la République face au risque terroriste lié à l'islamisme radical. À cette fin, je créerai un délit pour consultation de sites terroristes et je ferai de la radicalisation une cause réelle et sérieuse de licenciement afin de prévenir au maximum toute tentative de passage à l'acte. Et pour éviter tout risque de récidive des terroristes condamnés, je leur appliquerai une mesure de sûreté ou de surveillance particulière à leur sortie de prison.

Nous devons être intraitables envers le totalitarisme islamiste sous toutes ses formes, qu'il soit d'inspiration religieuse, politique ou téléguidé par une puissance étrangère. Face à ce défi, nous avons des frontières, une identité et un héritage à défendre. Ce sont les meilleures réponses à cette entreprise de soumission qui menace notre culture et notre civilisation.

8

Éloge de la transmission

J'ai dit combien ma famille a joué un rôle essentiel dans ma construction personnelle. De fait, la cellule familiale est bien le premier lieu de l'éducation et de la transmission des valeurs humanistes, civiques et culturelles qui fondent notre lien social.

La famille a changé, elle a évolué. Mais elle reste ce point d'équilibre et de stabilité dans un monde en perpétuel mouvement. C'est le premier cercle où s'expriment la tendresse, la confiance entre les êtres, la solidarité. La communauté où s'enracine la mémoire des générations.

Quand les familles vont mal et qu'elle se sentent insuffisamment soutenues, c'est la nation tout entière qui peut se disloquer. Ces dernières années, les idéologues de la déconstruction n'ont cessé de la mettre en cause, et même si le désir d'enfants reste inchangé, notre politique familiale, soumise à une entreprise de démolition systématique, a perdu de sa stimulante et protectrice force d'autrefois.

Pour la rétablir, je crois nécessaire de restaurer l'universalité des allocations allouées à l'ensemble des familles – notamment celles issues des classes moyennes – quels que soient leurs revenus. C'est tout le sens de la politique mise en place par le général de Gaulle à la Libération. Elle est aujourd'hui plus que jamais utile pour permettre de mieux concilier vie professionnelle et vie familiale et relancer une natalité dont le dynamisme est la condition même de la vitalité de la nation et de la préservation de notre modèle social.

Je souhaite que chaque couple qui désire un enfant ne soit pas empêché d'accomplir son rêve pour des considérations financières. C'est pourquoi j'instaurerai des allocations famillliales dès le premier enfant. J'augmenterai le montant des allocations pour toutes les familles ainsi que les aides et crédits d'impôts pour les gardes d'enfant.

Fonder une famille, c'est tisser des liens essentiels ; construire des lieux où se fabriquent les souvenirs ; des lieux où, quand la famille s'agrandit, se retrouvent enfants, petits-enfants, cousins. Ce patrimoine affectif, je veux qu'il puisse se transmettre de génération en génération. Présidente, je m'assurerai que 95 % des Français puissent être exonérés de droits de succession et transmettre sans impôt le fruit d'une vie de travail, notamment leur maison de famille.

Toutes les familles ont à cœur d'assurer la réussite de leurs enfants et d'envisager pour eux un avenir meilleur. Or, notre école ne répond plus suffisamment à leurs attentes. Autrefois, elle faisait notre fierté. C'était notre trésor national. Aujourd'hui, les inégalités se creusent au point que la France est devenue le pays européen qui souffre des plus grandes inégalités scolaires : il faut désormais en moyenne six générations pour qu'un enfant d'ouvrier puisse espérer devenir cadre... Chaque année, l'école de la République voit sortir de ses établissements plus de 80 000 jeunes décrocheurs, sans diplôme et sans perspectives d'avenir. Année après année, les études se succèdent et confirment notre baisse de niveau, notamment en mathématiques où la France, patrie de Descartes et de Poincaré, est devenue la dernière de la classe en Europe.

La vocation de l'école est d'offrir une chance à chaque enfant de France. Son rôle est de permettre à chacun, quel que soit son milieu ou son origine, d'accéder au savoir, de s'ouvrir à la culture, de construire sa vie future. Notre école fait désormais ce qu'elle peut, avec l'étouffant carcan bureaucratique qu'on lui impose, placée sous le feu de critiques permanentes sans que nul responsable ait eu le courage de la refonder.

Aux enseignants qui se battent au quotidien pour exercer au mieux leur profession mais en viennent à douter de leur vocation, je veux dire ici toute ma reconnaissance. Je sais combien leur tâche est difficile. Qu'ils sachent que je serai à leurs côtés. Avec eux, avec les familles, avec les collectivités territoriales, nous allons redresser l'école de la République. Je mènerai à bien cette entreprise avec une énergie identique à celle que j'ai fournie pour conduire la réforme de nos universités.

Mon ambition est de construire une Nation éducative, rassemblée autour de son école dont la première mission est d'instruire et donc de transmettre le savoir. Nous devons pouvoir garantir à chaque famille que ses enfants, à la fin de leur scolarité, maîtriseront l'ensemble des fondamentaux qui ouvrent la voie aux projets professionnels et à la réussite personnelle.

Au fil des années, nous nous sommes habitués à demander à l'école de régler tous les maux de notre société. C'est devenu une facilité : pas un problème qui ne se traduise par la création d'un enseignement, d'un module, d'une heure de sensibilisation. Du coup, les programmes ressemblent à un immense bric-à-brac où cohabitent l'essentiel et l'accessoire. Nos enfants se dispersent et accumulent les lacunes sur les enseignements essentiels qui pénalisent les enfants les plus vulnérables.

C'est pourquoi le retour aux fondamentaux est la nécessité absolue. Ils seront au cœur des deux grandes causes éducatives que je lancerai, l'une consacrée au français, l'autre aux mathématiques auxquelles j'attribuerai des heures supplémentaires. Mais redresser notre école, ce n'est pas cultiver la nostalgie de la plume Sergent Major et des encriers d'antan. C'est l'école du XXIe siècle que nous devons construire. Suivant la formule de Hannah Arendt, c'est au monde tel qu'il est que nous devons préparer nos enfants, et non au monde tel qu'il devrait être dans l'esprit des générations qui l'ont précédé. Nous devons donc apprendre à nos enfants à lire, écrire, compter bien sûr, mais aussi à parler plusieurs langues étrangères, l'anglais, mais pas seulement ! Apprendre aussi à maîtriser l'univers numérique en étant mieux initiés aux règles et aux logiques qui le régissent.

Parce que ces fondamentaux sont au cœur de ma vision de l'école, nous vérifierons que nos enfants ont acquis le bagage dont ils ont besoin à chacune des étapes clés de leur scolarité. Et quand ce ne sera pas le cas, nous les aiderons à les acquérir. C'est pourquoi je créerai un examen avant l'entrée en 6e afin de se donner, au début du collège, les moyens de repérer les élèves qui, au sortir de l'école primaire, sont déjà en difficulté, pour leur offrir ainsi un suivi particulier dans une classe de « 6e de Consolidation » leur permettant d'acquérir les fondamentaux. Le collège uniforme a abouti au creusement des inégalités. Au collège, nos enfants apprendront désormais tous les langages de la vie d'aujourd'hui : les langues vivantes mais aussi le codage. En classe de seconde, un repérage des « talents numériques » sera fait pour que le million des Français formés aux métiers du numérique puisse être atteint d'ici la fin du quinquennat.

Il y a deux inégalités majeures dans notre système scolaire, deux lignes de fracture : d'une part, entre les enfants qui sont à l'aise avec les savoirs de base et ceux qui ne les maîtrisent pas ; d'autre part, entre les familles qui connaissent les métiers et les parcours scolaires et celles qui les ignorent. L'orientation doit commencer dès le collège et se poursuivre tout au long du lycée. C'est pourquoi nous devons faire de cette éternelle oubliée une priorité, en nous appuyant sur l'expérience des régions qui connaissent la réalité des territoires et des métiers d'avenir. Et puisque j'évoque l'orientation, je tiens à souligner l'importance que j'attache à l'apprentissage, cette voie de réussite par l'insertion professionnelle que nous avons le devoir de promouvoir sans relâche auprès de tous les jeunes.

Nous avons enfin besoin d'un véritable service public de soutien scolaire pour toutes les familles, et particulièrement pour celles dont les parents rentrent tard le soir ou éprouvent des difficultés à suivre les leçons données à leurs enfants. Je m'appuierai naturellement sur les enseignants, mais instituerai également une réserve éducative nationale qui mobilisera et rémunèrera des étudiants et des professeurs retraités pour enrichir l'offre éducative et à assurer une aide aux devoirs gratuite pour tous ceux qui en ont besoin.

Comme partout ailleurs dans la société française, c'est un grand vent de liberté qui doit souffler sur notre école. Je suis profondément attachée à la liberté scolaire et à la possibilité donnée aux parents de choisir l'école privée pour leurs enfants. Mais il n'est pas normal de voir de plus en plus de parents y recourir moins par choix que parce qu'ils considèrent que l'école publique de leur secteur ne leur offre plus toutes les conditions de discipline et de réussite qu'ils sont en droit d'en attendre. L'école publique doit retrouver toute sa place. Les méthodes d'enseignement, les modalités d'organisation des groupes d'élèves, l'éducation artistique et culturelle, les innovations pédagogiques doivent être laissées sous la responsabilité de chaque établissement qui disposerait pour cela de moyens globalisés dans le cadre d'un budget autonome.

Je propose d'aller encore plus loin en offrant aux équipes éducatives la possibilité d'expérimenter un statut d'établissement public 100 % autonome, « l'école publique innovante » au niveau du primaire, du collège et du lycée. Cette école sera fondée sur un quadruple contrat avec l'État, les collectivités, les enseignants et les familles. Je veux que cette nouvelle offre pédagogique, absolument gratuite, ouverte à tous et sans sélection, concerne d'abord les territoires urbains ou ruraux qui concentrent les difficultés scolaires et ont besoin d'une meilleure adaptation pédagogique. La seule exigence attendue des élèves et de leurs parents sera de s'engager à respecter et faire respecter l'ensemble des règles de travail et de discipline, toute entorse à ce principe pouvant conduire à l'exclusion.

La création de ces nouveaux établissements puis leur extension progressive changeront la donne. Elles ouvriront la voie à la transformation de notre système éducatif, en donnant aux personnels de direction et aux proviseurs la liberté qui leur manque, en affirmant notre confiance dans les enseignants, en laissant à tous le soin d'élaborer précisément leurs propres approches pédagogiques, d'être libres de s'adapter à leurs élèves, à leur territoire, libres de tenter, d'expérimenter. Parce que nous savons qu'ils n'ont qu'un objectif : la réussite de leurs élèves.

À cette autonomie doit répondre une culture de l'évaluation afin de mieux mesurer les résultats atteints, d'apporter les modifications requises et de donner en exemple les plus beaux succès. C'est elle qui nous permettra de reconstruire une société du mérite. L'exigence n'est pas l'ennemie de la diversité, bien au contraire. C'est le nivellement par le bas qui est source d'exclusion, d'inégalités et de reproduction sociale.

L'école de la République est l'œuvre de femmes et d'hommes qui ont trop souvent le sentiment d'être délaissés par l'État et la nation. Nous devons remédier à l'inégalité de traitement qui s'est établie entre la situation des professeurs et celle des autres cadres de la fonction publique. Il faut rendre leur attractivité aux métiers de l'enseignement, y compris en seconde carrière pour des Français motivés. Cela suppose de revoir toute la gestion des ressources humaines, des premières affectations dans les écoles les plus difficiles aux modes d'avancement et aux régimes indemnitaires, pour ceux qui s'engagent davantage.

Je veux améliorer et renforcer la transmission du savoir au sein d'une école exigeante qui enseigne notre histoire et notre culture sans transiger sur les principes de la laïcité. La transmission est un exercice de compréhension comme d'admiration.

Je ne saurais achever ce chapitre sur la transmission sans parler précisément de la culture. Il n'y pas de grande nation sans culture et il n'y a pas de culture qui ne transcende les âges. Peu de pays peuvent se prévaloir d'une culture qui traverse à ce point les frontières et touche les cœurs dans le monde entier. Et aucun pays n'attire à ce point les visiteurs étrangers qui veulent voir de leurs yeux et toucher de leurs mains un patrimoine millénaire et d'une richesse incomparable, de la grotte de Lascaux au Centre Georges-Pompidou, du pont du Gard au château de Versailles, de la cathédrale de Chartres aux menhirs de Carnac. C'est d'abord ce patrimoine, mais aussi celui moins connu de nos villes et de nos campagnes, qui dessine la carte de nos affections proches, que j'entends préserver en lui consacrant un effort financier important.

Mais un patrimoine n'a de sens que s'il est un appui pour se projeter dans l'avenir. C'est pourquoi je triplerai le budget alloué à l'éducation artistique et culturelle à l'école. Je souhaite que chaque enfant de France, puisse nouer une relation intime avec les arts de notre pays. Je proposerai à chaque école de se jumeler avec un artiste ou un établissement culturel. Je souhaite également développer avec les conservatoires l'opération « un enfant, un instrument », afin d'offrir à chaque jeune le privilège de découvrir l'émotion musicale. Pour que l'argent soit le moins possible un frein à cet apprentissage, je propose que tous les biens culturels soient assujettis à la TVA à taux réduit de 5,5 %, comme les livres. Pour symboliser ce nouvel élan donné à la création culturelle, je souhaite que nos collèges et nos lycées puissent systématiquement accueillir des résidences d'artistes du monde entier dans tous les domaines des arts.

9

Défendre la liberté de la pensée

Sans repères, pas de direction. Et c'est précisément cette absence de direction qui nous rend impuissants face aux événements et craintifs pour l'avenir. Il faut remettre les idées à l'endroit et ne pas se laisser abuser par les injonctions de ce totalitarisme mou qui s'avance de nos jours sous les masques les plus variés : le wokisme, la culture de l'excuse, le messianisme vert ou la tyrannie d'une mémoire mise au service des seules revendications victimaires ; quand ce n'est pas, à l'autre bout de l'échiquier politique, la réhabilitation d'un relativisme historique et d'une confusion des valeurs visant à mettre sur le même plan la honte de Pétain et l'héroïsme de De Gaulle.

Avec une rapidité qui défie la raison, des expressions dont on ignorait tout il y a seulement quelques années, comme « appropriation culturelle », « intersectionnalité des luttes », « pensée décoloniale », « racisme d'État », « écriture inclusive » ... que sais-je encore, se sont imposées dans les médias, sur les réseaux sociaux et jusque dans les rangs du gouvernement avec une ministre qui n'a pas hésité à défendre la novlangue du « iel ».

Il n'y a pas un jour sans qu'éclate une polémique stérile liée au genre, à la race ou, plus généralement, à notre mode de vie, jugé tantôt trop français, tantôt trop européocentré, tantôt trop occidental, tantôt pas assez végan... Si on les écoutait, le moindre de nos gestes, de nos comportements, la moindre de nos paroles devraient, pour avoir droit de cité, être validés par ces nouveaux censeurs, vestales du temple de la vertu seules habilitées à délivrer le label du « camp du Bien ».

Depuis les universités jusqu'à la vie quotidienne de millions d'individus, l'idéologie woke s'est développée à une vitesse foudroyante aux États-Unis et en Grande-Bretagne et se propage maintenant chez nous. Aucun lieu de création ou de pensée n'est à l'abri. Il suffit de voir pour s'en persuader comment l'industrie des séries télé se plie aux oukases du wokisme. Les entreprises elles-mêmes sont confrontées à cette folie.

Certes, le politiquement correct a toujours existé, contribuant à nier les réalités vécues par les Français. Mais là, le changement d'échelle s'est accompagné d'un changement de nature. Il ne s'agit plus d'indignations mais d'injonctions ! Le mécanisme est toujours le même : dénonciation, procès public, lynchage médiatique, censure ou boycott. Des noms sont jetés en pâture, des œuvres effacées, des vies brisées, l'humanité la plus élémentaire se trouve bafouée.

On pourrait se rassurer en considérant, ce qui est vrai, que ces débats n'agitent qu'une petite minorité médiatico-politique et, à raison, n'intéressent pas l'immense majorité des Français. Mais, depuis Antonio Gramsci, nous savons que les guerres culturelles sont le prélude aux ruptures politiques les plus radicales. Ce qui se joue ici, c'est bien l'évolution de notre mode de vie, qui nous concerne tous.

Les méfaits du wokisme et de ses dérivés sont déjà visibles. À l'Institut d'études politiques de Grenoble où une petite minorité fait régner un climat de terreur intellectuelle pour imposer le diktat de l'islamo-gauchisme. Et dans certaines villes où les maires ont voulu supprimer le sapin de Noël, interdire la viande dans les cantines ou déboulonner des statues, face à une population qui heureusement, dans la plupart des cas, s'est rebellée. Il paraît bien loin le temps où Noël Mamère, candidat écologiste à la présidentielle, pouvait écrire : « J'aime la chasse et la corrida, avec modération. » Cette phrase lui vaudrait aujourd'hui un procès en règle.

Les effets du wokisme, de la *cancel culture* et de l'indigénisme peuvent se révéler catastrophiques pour le présent et pour les générations futures. Or, rien n'a été fait du côté de l'État pour les combattre, bien au contraire.

La raison en est simple. Le Président sortant s'accommode très bien de la déconstruction de notre histoire, lui qui n'a pas hésité à parler de cultures françaises au pluriel et non d'une culture française au singulier. Au fond, il ne conçoit pas la France comme une communauté de destins, mais seulement comme une juxtaposition circonstancielle de communautés. De fait, comment résister à ce phénomène quand on est soi-même convaincu qu'il ne faut se préoccuper que des petits groupes parce que l'on estime plus facile d'obtenir ainsi leurs suffrages en faisant droit à leurs revendications particulières, au lieu de résoudre les vrais problèmes de tous en matière de santé, d'emploi ou de sécurité.

Je ne confonds pas, quant à moi, identité et identitarisme, différences et différentialisme, communautés et communautarisme. Parce que j'ai toujours gardé à l'esprit que l'assignation à résidence, qu'elle soit physique ou intellectuelle, nous détourne de l'universel. Comme André Malraux l'a souvent souligné, nous nous définissons plus par ce que nous faisons que par ce que nous sommes. Et c'est cela aussi la grandeur de la politique telle que je la conçois, dans la droite ligne de nos idéaux révolutionnaires et républicains : permettre à chacun d'accomplir et de s'accomplir, non lui imposer une façon d'être ou de penser qui l'en empêche.

Je propose de refonder des règles communes capables de souder ensemble des Françaises et des Français issus de tous horizons. Ordre, liberté, dignité, c'est autour de ces valeurs que je veux organiser un nouveau projet pour notre nation. En revenant aux sources du gaullisme, dans une société qui sait conserver intacte sa capacité de résistance et d'indignation pour mettre fin aux injustices, sans renoncer à son goût de l'effort dès lors que ce dernier est ressenti comme juste.

Au déni ou à la haine des autres et de soi, je veux répondre par l'exaltation de la connaissance. Au reniement des racines, opposer les vertus de la mémoire. Et aux dogmes et aux préjugés, la liberté de la pensée.

10

Retrouver la dignité

Notre époque est pétrie de contradictions et se nourrit de paradoxes. Ces contradictions sont inhérentes à ces périodes où le monde vit une profonde mutation comme celle engendrée par la pandémie que nous traversons. Autrefois, la dignité était la reconnaissance du mérite de l'autre. On respectait un parent, une autorité morale ou institutionnelle. Par une succession de petites démissions, le respect est maintenant trop souvent revendiqué haut et fort par tous ceux qui, précisément, manquent de respect aux autres et nuisent à toute vie sociale. De fait, on paraît plus soucieux de mettre en avant l'argent et la performance égotique que la dignité de chaque personne.

Pourtant, de nombreux événements soulignent combien la dignité, tout comme la liberté, l'autorité, la transmission sont des valeurs essentielles pour la France que nous voulons bâtir et les Français que nous voulons unir. Je n'en citerai que deux, même si les exemples se comptent par centaines.

J'ai été bouleversée, comme chacun d'entre vous, par les révélations de l'ouvrage *Les Fossoyeurs* dévoilant la maltraitance dans certains Ehpad, ainsi que par les témoignages du personnel soignant, attentif mais débordé par le manque de moyens, qui jettent une lumière crue sur des pratiques intolérables. Cette affaire serre le cœur. La manière indigne dont certains traitent nos aînés en dit long sur la nécessité de revenir à notre commune humanité qui semble faire défaut à une poignée de prédateurs. Dans un établissement qui accueille nos anciens, les conditions de vie quotidienne doivent être strictement contrôlées, de la qualité de l'alimentation et des soins à la taille des chambres et au temps consacré individuellement à chaque résident par les soignants. Les Ehpad qui ne respectent pas ces évidences doivent être fermés et les sociétés qui mettent leur profit avant le sens de leur mission, en portant atteinte à la dignité humaine, doivent être poursuivies.

Cette prise de conscience impose de changer de modèle. Au lieu de considérer comme inéluctable le placement en établissement, il convient de favoriser autant que possible le maintien à domicile. Châteaubriand se désolait que la vieillesse, autrefois considérée comme une « dignité », soit devenue une « charge ». Les Français lui donnent raison et aspirent à tout faire pour que leurs parents ou grands-parents restent le plus longtemps possible dans leur foyer ou près d'eux. Je les soutiendrai, en conférant notamment à tous ces aidants familiaux – qui vont parfois jusqu'à sacrifier leur propre vie professionnelle et sociale pour s'occuper d'un enfant, d'un parent, d'un proche malade, en situation de handicap ou réclamant des soins – le statut dont ils sont dépourvus aujourd'hui.

Au moment même où ces pratiques ont été révélées s'est produit ce que l'on nomme un « fait divers » tout aussi significatif de l'état de notre société : le décès d'un grand photographe dans une des rues les plus passantes de Paris. L'artiste, atteint de malaise, s'est écroulé sur le trottoir. Victime d'un traumatisme crânien, il est resté ainsi allongé six heures durant dans l'indifférence des passants et a fini par mourir de froid. Trois heures après son décès, c'est un sans-abri qui a signalé à la police ce corps sans vie, preuve que la plus haute dignité est parfois chez ceux qui sont frappés par les plus grands malheurs. Plus d'une centaine de personnes sont mortes ainsi dans la rue à Paris l'année dernière. Et combien dans toutes les villes de France ? Et combien sont décédées chez elles dans la solitude la plus absolue ? Nous ne pouvons pas accepter ces drames sans réagir car ils heurtent notre humanité.

Défendre la dignité des personnes ne saurait être qu'une affaire de mots. Ni la précarité ni l'exclusion ne sont des fatalités. Elles doivent être combattues comme un véritable fléau social. Comment accepter que, dans un pays comme le nôtre, il y ait encore tant de personnes vivant dans la rue ou dans le métro sans pratiquement jamais voir la lumière du jour ? En Île-de-France, j'ai créé des Maisons région solidaire pour apporter aux plus démunis un toit, un couvert, un peu de chaleur humaine, en un mot un minimum de dignité. La solidarité nationale doit se traduire par un engagement concret de tous les acteurs de la vie publique, comme c'est le cas sur le terrain pour nombre d'associations qui font un travail exemplaire, appuyé par la générosité des Français.

Retrouver la dignité, c'est plus largement assurer à chaque Français un logement décent. Le logement est le premier poste de dépenses des familles et pèse lourdement sur un pouvoir d'achat par ailleurs durement entamé par des salaires faibles et la flambée des prix des produits de première nécessité.

On estime aujourd'hui à quatre millions le nombre de Français ne disposant pas de leur propre logement et à quinze millions le nombre de mal-logés. La crise Covid a douloureusement mis en lumière la situation de ces familles qui n'ont d'autre choix que de vivre dans des logements trop petits ; une exiguïté qui pèse nécessairement sur l'harmonie familiale mais aussi sur la scolarité des enfants pour qui, dans ces conditions, il est difficile de se concentrer. La flambée des prix de l'immobilier associée à une baisse record des constructions de logements neufs a conduit à une pénurie qui fragilise toute la population et creuse le fossé entre ceux qui ont des biens dont la valeur s'accroît et ceux pour qui la perspective de pouvoir acheter s'éloigne chaque jour un peu plus. Un nombre toujours plus grand de Français est ainsi exclu de l'accession à la propriété si bien que le taux de propriétaires dans notre pays, déjà parmi les plus faibles d'Europe, stagne depuis quinze ans. Relancer la construction est donc une absolue nécessité. Il faut redonner aux maires le pouvoir de façonner leurs villes sans les contraindre excessivement par des lois et des procédures contradictoires. Cette relance devra s'inscrire dans une nouvelle vision territoriale. En matière de logement, la France de l'après-Covid est déjà à l'œuvre. Encouragés par le développement du télétravail et du statut d'indépendants, de nombreux compatriotes quittent les métropoles pour rejoindre des villes moyennes ou des communes rurales et y trouver une meilleure qualité de vie. L'extension du prêt à taux zéro pour les jeunes à l'ensemble du territoire encouragera cette dynamique, qui ne devra cependant pas conduire à augmenter trop fortement le coût de l'immobilier rural.

L'autre enjeu, c'est de faciliter l'accès au logement social pour les travailleurs de première ligne dans la commune où ils travaillent. La crise Covid l'a montré. Ce sont eux, les infirmières, les aides-soignants, les hôtesses de caisse, les magasiniers, les livreurs – je ne peux malheureusement les citer tous ici – qui vivent aujourd'hui très loin de leur lieu de travail et que l'on voit à 5 heures du matin ou passé minuit sur les routes ou dans les trains, qui ont permis au pays de tenir au plus fort de l'épidémie. Leur courage doit être enfin justement reconnu et leur fatigue réduite, en leur permettant de loger au plus près de leur emploi.

Avoir le souci de la dignité, c'est considérer que chacun doit être valorisé dans notre société.

Ainsi, je ne me résous pas à ce que l'État considère son devoir de solidarité comme accompli simplement en versant une allocation aux Français bénéficiaires du RSA. Évidemment, il est plus simple pour les pouvoirs publics de procéder ainsi que d'organiser pour ces compatriotes, en contrepartie de ce revenu, des activités répondant à leur souhait d'être pleinement intégrés dans la société et à un besoin social évident, comme les sorties d'école ou l'accompagnement de nos aînés. C'est pourtant nier leur dignité, comme le montre une expérience menée en Isère où, sur la base du volontariat, une majorité de titulaires du RSA ont préféré s'engager dans une activité plutôt que de toucher leur allocation en restant inactifs.

Je pense également que la valeur d'une société se mesure au soin qu'elle apporte à ceux qui sont frappés par le handicap. Et je m'insurge quand j'entends dire qu'il faut placer les enfants concernés dans des institutions spécialisées au lieu de leur permettre de fréquenter l'école comme les autres élèves. Cette ségrégation conduit à ignorer que la sensibilité de chaque enfant peut s'enrichir en côtoyant celle d'un camarade qu'il faut parfois aider ou accompagner ; un camarade qui, à son tour, peut vous subjuguer par ses fulgurances ou vous émouvoir par sa sensibilité. Cela s'appelle faire l'apprentissage de la solidarité et de l'humanité. Et parce que c'est une angoisse permanente des parents de voir arriver le jour où, disparus, ils ne pourront plus s'occuper de leur enfant handicapé, je souhaite qu'au décès de son dernier parent celui-ci puisse bénéficier du reversement intégral de sa pension de retraite. Dans la douleur du deuil, il aura au moins ce secours financier et, avant de partir, les parents auront eu la consolation morale de savoir que leur enfant pourra être dignement pris en charge.

La pandémie n'a fait que confirmer que la première des dignités est un égal accès aux soins. Pouvoir bénéficier des meilleurs traitements, quels que soient sa condition sociale ou le territoire où l'on habite, est considéré à juste titre comme un droit. Mais, en pratique, cette promesse est de moins en moins tenue.

Pourtant, il n'y a pas si longtemps, nous jouissions du meilleur système de santé du monde. Mais le Covid a révélé sa crise profonde : crise d'efficacité pour tant de Français qui peinent à obtenir un rendez-vous médical, crise de reconnaissance des professionnels de santé (due à leurs conditions de travail et au manque d'attractivité d'un métier mal reconnu), crise de moyens dont nos compatriotes ont fait la cruelle expérience ; crise, enfin, de souveraineté – nous avons été, faut-il le rappeler, le seul grand pays à ne pas disposer de son propre vaccin contre le Covid. Pour le dire crûment, c'est un miracle que notre système tienne encore. Il le doit au dévouement des professionnels de santé, à leur engagement et à leur profonde éthique.

La France n'est pas à la place qui devrait être la sienne dans ce domaine, compte tenu des moyens mobilisés. L'augmentation de l'espérance de vie en bonne santé d'au moins trois ans, pour nous rapprocher des meilleurs standards mondiaux, est un objectif à notre portée, pour autant que nous entrions dans une logique de santé globale.

La prévention est appelée à révolutionner nos modes de vie. Elle passe par une action d'ensemble concernant l'urbanisme, le logement, la lutte contre les inégalités, le sport, l'alimentation, la santé environnementale… La santé ne se résume pas à l'offre de soins : c'est aussi l'air que l'on respire, l'eau que l'on boit et l'activité physique que l'on pratique. Pour cela, il est nécessaire de doubler les moyens alloués actuellement à la prévention et de mobiliser tous ses acteurs en engageant un mouvement général de décentralisation pour conduire ces politiques au plus près des territoires.

Je veux rétablir la primauté de l'humain au cœur de notre système sanitaire et pour cela doubler en cinq ans le nombre de médecins formés. Je proposerai un pacte de fidélisation et d'attractivité des métiers de santé. La priorité doit être donnée à l'amélioration des conditions de travail et à la digitalisation du système de santé, afin de réduire les tâches administratives à leur plus simple expression et de consacrer aux malades tout le temps nécessaire. Nous devons redonner du sens à la carrière des soignants et leur offrir de nouvelles perspectives, alors que leurs métiers pâtissent aujourd'hui d'être trop cloisonnés et bureaucratisés.

Nous devons aussi veiller à instaurer plus de proximité pour le bien-être du personnel et des patients. Nous devons apporter une réponse forte au drame des déserts médicaux qui frappe désormais une commune sur trois dans notre pays et n'épargne plus les zones urbaines. Comment prévenir les maladies, se soigner et éviter d'engorger l'hôpital si les Français ne peuvent pas avoir un accès simple et rapide, près de chez eux, à un généraliste ou à un spécialiste ? Aujourd'hui, cinq millions de nos compatriotes sont privés de médecins traitants. Je ne compte plus les Français qui sont venus vers moi ces dernières semaines pour me dire leur désespoir de ne pas parvenir à obtenir, ou très tardivement, le rendez-vous médical dont ils ont besoin. Il faut mettre fin à cette situation. Aussi ferai-je en sorte que chaque Français, où qu'il vive, puisse être soigné près de chez lui. Je m'engage à diviser par deux, d'ici la fin du quinquennat, le délai moyen pour obtenir une consultation chez un médecin. Je veux offrir à chaque Français un accès aux soins à moins de trente minutes de son domicile. Pour cela, je créerai une quatrième année de formation en médecine générale qui permettra à 4000 « docteurs juniors », parfaitement aptes à l'exercice de leur profession, de venir s'installer dans les déserts médicaux dès la prochaine rentrée, sur la base du volontariat.

Enfin, la question financière ne doit pas être éludée. Le tarif de consultation des médecins généralistes n'a pas été revalorisé depuis cinq ans. Il est temps de le passer de 25 à 30 euros, sans augmentation du reste à charge pour les Français.

L'hôpital sera aussi au cœur de mes priorités. J'y créerai 25000 postes de soignants pour permettre aux personnels en place, dont le dévouement a été admirable tout au long de la crise Covid, de respirer. Mais, ici comme ailleurs, tout n'est pas qu'affaire de moyens, loin s'en faut. Je donnerai donc au fonctionnement de l'hôpital plus d'autonomie et de souplesse grâce à un statut rénové qui permettra de confier de larges délégations de responsabilités à ses personnels de terrain et d'accélérer les prises de décisions. L'expérience l'a prouvé : une meilleure organisation hospitalière, pilotée par ses acteurs, ce sont à la fois des délais de soins plus courts, du temps supplémentaire pour les soignants et une utilisation optimisée des infrastructures et des moyens.

Je ne peux pas traiter des questions de santé sans évoquer ces sujets éthiques qui touchent chacun d'entre nous au plus profond de lui-même.

Mère d'une fille et de deux garçons, je n'ignore rien de ce que représente la puissance du désir d'avoir un enfant et je perçois la douleur immense que peut être l'impossibilité de procréer. Je suis néanmoins convaincue que ce déchirement ne doit pas nous conduire à autoriser la gestation pour autrui (GPA). Car face à ce désir légitime, la dignité doit être respectée. Je ne peux accepter qu'un corps humain soit loué ou acheté.

Quant à la fin de la vie, c'est un sujet qui relève de l'intime et de la liberté de conscience. Chacun a ses convictions mais aussi son vécu. Je veux défendre une éthique de la liberté et une éthique de la vulnérabilité. Ce qui me révolte est de voir inappliquée la loi Claeys-Léonetti qui prévoit la possibilité d'une sédation terminale. C'est la garantie pour chaque Français de pouvoir partir dignement et sans souffrance. Pourtant, aujourd'hui, seuls 30 % des Français qui le souhaitent y ont accès. La priorité doit être de développer ce qu'on appelle la « culture palliative » partout en France, chez les généralistes, à l'hôpital, pour offrir à chacun l'accès aux soins palliatifs, y compris à domicile. Beaucoup de Français préféreraient vivre leurs derniers instants chez eux, entourés de leurs proches et non à l'hôpital.

Et sur le suicide assisté, je ne suis pas favorable, à titre personnel, à un changement de la loi. Je redoute les abus de faiblesse, j'ai peur que nos anciens se disent «je suis un fardeau pour ma famille, je vais les libérer» alors qu'ils aimeraient en réalité vivre pleinement leurs derniers instants. La vulnérabilité fait partie de la vie. La société doit accepter et protéger les plus vulnérables.

À une époque où l'explosion du virtuel pourrait nous faire croire que les liens d'affection et de proximité ont perdu leur sens, je suis persuadée du contraire. C'est dans le regard bienveillant que nous portons sur ceux qui sont auprès de nous, particulièrement lorsqu'ils souffrent, ou dans notre capacité à stopper un instant la course folle du monde pour porter secours – comme nous avons su le faire avec la crise Covid – que nous révélons notre humanité ; notre vie prend alors son véritable sens. C'est pour cela que j'aime ce beau mot de *dignité* et que j'ai souhaité en faire un pilier de mon projet. Rappelons-nous, pour toujours la garder en mémoire, l'exhortation de l'abbé Pierre qui nous appelait à l'« insurrection de la bonté » !

11

Les chances de l'avenir

La jeunesse de notre pays est beaucoup plus diverse et volontaire que ne le donne à penser tout ce qui s'écrit sur les « milléniaux » ou la « génération sacrifiée ». Au-delà des étiquettes faciles, les études témoignent du fait que les plus jeunes sont soucieux du devenir de notre planète. Ils se reconnaissent davantage que les générations précédentes dans les valeurs de la famille. Ils croient au progrès mais souhaitent que la technique soit mise au service d'un humanisme. En un mot, les jeunes sont désireux de construire leur futur, non de le subir.

À cause de la pandémie, beaucoup se sont trouvés privés de l'insouciance de leur âge mais aussi de perspectives d'avenir. Une grande majorité d'entre eux s'inquiète de savoir qui va devoir payer, pendant des décennies, la dette contractée durant cette crise sanitaire venue s'ajouter à la précédente. À cet égard, notre jeunesse est plus lucide que bien des politiques ou des économistes qui considèrent que nous sommes entrés dans une nouvelle ère monétaire où l'argent est devenu quasiment gratuit, se plaçant les mains devant les yeux pour ne pas voir les poussées inflationnistes et, avec elles, la remontée des taux d'intérêt partout dans le monde.

À notre jeunesse, nous devons tenir un langage d'espoir, mais aussi de vérité.

Non, ce n'est pas par le biais du « Contrat d'engagement » agrémenté de quelques heures de suivi en mission locale qu'on lui offrira un avenir digne d'elle. Quel serait le ressort d'un peuple dont l'unique ambition serait de confier sa jeunesse à l'assistanat dès la fin de l'adolescence pour ne plus l'en sortir jusqu'à la retraite ?... Je veux pour ma part aider la jeunesse de France à retrouver son audace, à prendre des risques, à croire en son avenir. C'est pourquoi à ce « RSA jeune », j'oppose un « Revenu jeune actif (RJA) » qui propose à chaque jeune une rémunération en contrepartie d'une vraie formation dans un métier créateur d'emplois, avec obligation d'accepter l'offre d'embauche faite au terme de la formation.

Pour tous ceux qui peinent à financer leurs études, je propose de créer une Banque nationale des jeunes, sur le modèle de ce qui a été fait en Suède. Ce sont 200 000 prêts qui pourraient ainsi être accordés dès l'année prochaine. L'originalité du modèle repose sur le fait que les remboursements ne commenceront qu'une fois le jeune entré dans la vie active et qu'il aura atteint un certain niveau de revenus.

Trop d'étudiants se trouvent aujourd'hui dans une grande détresse morale et financière. Depuis cinq ans, il n'y a eu ni réforme ni moyens nouveaux pour les universités. Pire, en pleine crise, le Président sortant est allé jusqu'à envisager la hausse des frais d'inscription. Une provocation de plus, alors que l'État, depuis dix ans, a négligé l'université, place stratégique de la transmission des savoirs et de la formation des futurs enseignants. Il faut au contraire redonner de l'élan à l'autonomie universitaire en menant l'étape 2 de la réforme que j'ai réalisée il y a désormais quinze ans. Et créer au sein des universités des milliers d'emplois, étudiants notamment, pour ouvrir les bibliothèques la nuit et le week-end.

Redonner confiance aux jeunes, c'est montrer combien le progrès reste une idée neuve et vivante en France. Derrière le vaccin de la société américaine

Moderna, il y a un Français, Stéphane Bancel, tout comme est français le bras droit d'Elon Musk chez Tesla. Nous demeurons un formidable pays d'inventions et le génie français est incroyablement vivant. Mais trop de nos compatriotes quittent notre territoire pour trouver ailleurs des conditions plus favorables à l'éclosion ou à la reconnaissance de leur talent. À chacun d'entre eux, je veux dire que, pendant mon quinquennat, je mettrai tout en œuvre pour leur donner les moyens de s'épanouir en France, même pour mener à bien leurs projets les plus fous.

Ne nous faisons pas d'illusions. Soit nous décidons d'être des acteurs de la modernité, soit le progrès s'imposera à nous, de l'extérieur, sans les emplois qu'il pourrait créer ni les garde-fous éthiques que nous pourrions lui imposer. Aussi paradoxal que cela puisse paraître à certains, c'est de cette façon que nous serons en capacité de conserver nos traditions. Un peuple conquérant est un peuple attractif qui sait défendre ses valeurs, y compris dans le champ de la science, en protégeant mieux, par exemple, la propriété intellectuelle de nos découvertes.

La politique scientifique de la France ne saurait tenir dans la seule promotion de la « start-up nation ». Comme tout le monde, je me réjouis de voir le nombre de « licornes » françaises – ces entreprises non cotées dont la valorisation dépasse le milliard d'euros – se multiplier. Et je suis la première à soutenir cette French Tech qui révèle l'esprit d'entreprendre et la formidable créativité de la jeunesse française. Ce succès est encore à encourager : les levées de fonds réalisées par ces entreprises ont certes connu un montant record en 2021, mais leur niveau est bien inférieur à celui de l'Allemagne ou du Royaume-Uni. Surtout, il ne peut tenir lieu d'unique passeport pour l'avenir.

Il faut se rendre compte que nous vivons une formidable accélération du temps technologique avec des entreprises privées qui disposent désormais de moyens colossaux : le budget recherche et développement des GAFAM[1] est trois fois supérieur à celui du ministère de l'Enseignement supérieur et de la Recherche. Pour rester dans la compétition, les États doivent engager des moyens considérables, comme nous l'avions fait en 2010 avec Nicolas Sarkozy à travers le Programme d'investissements d'avenir (PIA) qui a été imité par tous nos successeurs. Nous devons aussi engager un effort massif de formation en accompagnant d'ici à 2030 un million de talents aux métiers du

1. Acronyme de Google, Apple, Facebook, Amazon, Microsoft.

digital pour répondre au formidable défi du numérique. N'oublions pas que, sur l'échiquier mondial de la connaissance, faire une simple pause, c'est se faire dépasser. C'est pourquoi il faut mobiliser la nation entière autour de ces objectifs essentiels pour notre souveraineté : la science et le progrès.

Ce vent de liberté que je veux voir souffler partout dans la société française doit aussi bénéficier à la recherche, qui souffre d'asphyxie bureaucratique. Il y a quelque temps, un jeune thésard me racontait que la pile de formulaires administratifs qu'il avait dû remplir dans le cadre de son doctorat était, à la fin, presque aussi épaisse que sa thèse elle-même ! Comment pouvons-nous continuer à encombrer des cerveaux si brillants de tâches si inutiles ? Je mettrai en place une règle simple : toutes les économies générées par les mesures de simplification reviendront aux chercheurs et aux universitaires. Je suis certaine qu'ils sauront débusquer les formalités superflues et inconnues à l'étranger.

Si je souhaite poursuivre le financement sur projet – la sélection est gage d'émulation –, cette méthode ne doit conduire ni à la suradministration ni au découragement. Aujourd'hui, avec un projet retenu sur dix déposés, les chercheurs passent plus de temps à constituer un dossier qui aura toutes les chances d'être refusé qu'à se concentrer sur leur travail de recherche proprement dit.

Des exemples étrangers ont fait leurs preuves. Je souhaite ainsi m'inspirer de la DARPA, cette agence chargée des nouvelles technologies militaires dont l'objectif est d'assurer le *leadership* américain dans ce domaine, et qui a été à l'origine d'Internet. Notre Agence nationale de la recherche pourrait se transformer en véritable bras armé pour financer les innovations du futur à condition de doubler ses moyens. Et de lancer des appels à projets destinés aux plus grands chercheurs français et internationaux pour venir innover en France.

Sachons mieux faire travailler ensemble ces forces qui sont les meilleurs atouts de notre souveraineté : un outil de recherche puissant, la plus grande armée de l'Union européenne soutenue par des industriels de premier plan et des entreprises *leaders* mondiales dans leur secteur d'activité.

Chaque jour qui passe nous enseigne que la maîtrise des technologies va devenir un déterminant clé de notre souveraineté, et même de notre intimité. En voulant confier les données de santé de millions de Français à Microsoft, le gouvernement français a eu la naïveté de croire qu'il était dans un espace – un « *cloud* » – de confiance. La CNIL, le Conseil d'État et la Cour de justice européenne ont été moins candides et ont perçu le risque de voir ces données partir à l'étranger. Il est urgent, pour l'Europe et pour la France, de construire un véritable « *cloud* souverain ». Avec nos partenaires, je me fixe 2030 pour y parvenir et, d'ici là, je proposerai des quotas de produits européens aux opérateurs publics pour l'achat de logiciels et d'infrastructures numériques.

Toute ma vie professionnelle a été orientée vers le progrès et l'avenir. J'ai commencé à travailler sur Internet quand le réseau en était à ses débuts. J'ai ensuite eu l'occasion, en tant que ministre, d'être pleinement immergée dans la recherche française. Ces rencontres extraordinaires avec les plus belles intelligences de notre pays m'ont définitivement convaincue que la France, et particulièrement sa jeunesse, a toutes les ressources pour étonner le monde par sa créativité.

12

Une écologie de progrès

La défense de notre planète m'est toujours apparue comme une priorité. Ministre de l'Enseignement supérieur et de la Recherche, j'ai saisi l'Académie des sciences pour la faire statuer sur le lien entre le réchauffement de la planète et l'activité humaine, face à un Claude Allègre qui pesait de toute son influence pour affirmer que l'homme n'entrait pour rien dans les dérèglements climatiques. Comme la majorité de nos compatriotes, je crois qu'il n'y pas de plus grande responsabilité que de garder toujours à l'esprit ces enjeux, pour la simple raison que nos enfants seront les héritiers directs de nos choix ou de nos renoncements.

Cette écologie du concret et non du dogmatisme, cette écologie du faire et non du plaire, cette écologie choisie et non subie, cette écologie positive et incitative, c'est-à-dire dépassionnée et objective, devrait être l'affaire de tous et non d'une minorité de privilégiés. Or l'écologie, trop souvent punitive, n'est aujourd'hui la préoccupation que d'une minorité de privilégiés. La défense de notre environnement sollicite le simple bon sens et non l'adhésion à une idéologie décliniste qui nous recommande de faire un grand bond en arrière, voire de ne plus avoir d'enfants comme certains esprits n'ont pas craint de le préconiser. L'objectif est bien d'adapter nos modes de vie aux nécessités de la préservation de notre environnement, et de tirer parti de ces exigences pour développer de nouvelles activités créatrices d'emplois.

Quand je critique ce type de dérives, c'est, pour paraphraser Clemenceau, parce que l'écologie est une chose trop sérieuse pour être laissée aux seuls écologistes. Il est temps de libérer l'écologie en mettant la transition écologique au service de la croissance et de l'emploi. Beaucoup de nos entreprises, en faisant preuve d'inventivité, se sont engagées dans cette voie en adoptant l'expression que je trouve juste de « développement durable ». Voilà pourquoi il faut cesser de les stigmatiser et les accompagner pour trouver des solutions technologiques.

Nous devons sortir de l'irrationalité quand nous traitons des questions environnementales. C'est particulièrement vrai sur les questions énergétiques où, à la problématique écologique, s'ajoute celle du pouvoir d'achat. C'est un drame de voir certains de nos compatriotes arrêter de chauffer leur logement parce que le prix de l'énergie explose. Je vois aussi tous ces Français qui rationnent leurs déplacements et ne font plus le plein à la pompe, se contentant de mettre quelques litres dans leur réservoir, car le remplir coûterait trop cher. Nous allons vers un monde où l'électricité prend une place de plus en plus importante. C'est en soi une bonne nouvelle car, si nous n'avons ni pétrole ni gaz, nous bénéficions d'une grande tradition de production électrique décarbonée, notamment grâce à notre important parc de centrales nucléaires. Malheureusement, au lieu de profiter de nos atouts, le gouvernement a accumulé erreurs et revirements dans le secteur de l'énergie, ce qui a eu pour conséquence de fragiliser EDF, un des fleurons de notre économie. Il ne fallait pas fermer Fessenheim, une centrale employant 2000 personnes et qui était encore capable de produire cette électricité décarbonée de manière sûre pendant des années. Comme l'a rappelé l'Académie des sciences, c'est grâce à son énergie nucléaire que la France est l'un des pays les plus vertueux en matière d'émissions de CO_2 en Europe.

J'ajoute que nous devons tout faire pour que les Français puissent bénéficier directement des investissements qu'ils ont consentis dans leurs centrales nucléaires. Il est ainsi incompréhensible que le prix de l'électricité payé par les consommateurs soit autant indexé sur celui du gaz, soumis à de brutales variations, alors que les deux tiers de notre électricité sont d'origine nucléaire.

Je crois à la possibilité d'une croissance nouvelle, une croissance sobre et saine, celle qui prend le meilleur du progrès.

Pour cela, la France et l'Europe doivent apprendre à devenir de meilleurs stratèges. À quoi sert-il d'être les plus moteurs sur les énergies vertes ou la voiture propre, si c'est pour affaiblir EDF et abandonner le terrain aux panneaux photovoltaïques chinois, ou détruire des emplois dans l'industrie automobile ? Avant de nous imposer des règles qu'aucun autre continent ne s'impose, assurons-nous que nos laboratoires, nos industries sauront en profiter en priorité. Sachons miser sur nos atouts au lieu d'adopter des procédures qui nous conduisent à fragiliser notre industrie automobile, rallumer des centrales à charbon ou à nous affaiblir vis-à-vis de la Russie du fait de notre dépendance à leur gaz.

En cinquante ans, la population française a bondi de plus de 30 % et celle du monde a plus que doublé. Peut-on raisonnablement croire que l'humanité – qui vit désormais majoritairement dans les villes – pourra nourrir ses enfants et préserver les forêts sans recourir au génie agronomique ? Nos scientifiques, nos agriculteurs, nos chercheurs, qui cultivent l'excellence académique et industrielle, ont un rôle majeur à jouer à cet égard.

C'est de la science que viendront les solutions efficaces dans la lutte contre le changement climatique et le respect de la nature et de la biodiversité.

Dans ce cadre, le principe de précaution ne doit pas être instrumentalisé pour devenir un principe de blocage, notamment vis-à-vis de nos laboratoires de recherche. C'est avant tout un principe de responsabilité, qui évalue les risques et s'applique à y remédier.

Nous devons aussi apprendre à consommer moins, mieux et local. C'est à nous, collectivement, qu'il appartient maintenant d'assurer la transition écologique qui doit être une chance et une avancée pour nos industries mais aussi pour l'avenir de chacun d'entre nous.

C'est pourquoi aussi je fais le choix de fusionner le Livret A et le Livret de développement durable pour créer un Livret vert. Il permettra de mobiliser et de rémunérer 120 milliards d'euros d'épargne des Français au service de cette cause qui leur tient à cœur.

Notre jeunesse nous dit de regarder vers l'avenir. Malgré ses inquiétudes, elle voudrait pouvoir y jeter un regard confiant. À nous, par nos actions, de lui montrer que nous ne lui confierons pas en héritage une planète dont nous aurions dilapidé les ressources, mais que nous aurons été suffisamment responsables pour lui transmettre un monde sur lequel elle pourra à son tour écrire une nouvelle et belle page de l'aventure humaine.

Troisième partie

CE QUE JE VEUX

13

Avoir le courage de la réforme

Tout mon engagement, ma démarche, mes convictions tendent vers un seul but : laisser aux générations futures un pays libre, prospère et souverain. Cette tâche qui peut nous paraître immense est à notre portée, pourvu que nous fassions le choix de la réforme.

Depuis des années, l'abstention et le vote pour les extrêmes montent dans notre pays. Ce mouvement a une cause profonde : le sentiment de millions de Français que leur vote est inutile ou que les gouvernants en place sont impuissants, au point que les commentateurs s'estiment légitimes à prendre leur place. La récurrence des crises – financières, sanitaire – n'a fait qu'accentuer cette impression d'une nation qui n'est plus maîtresse de son cap, ballotée par la houle et les tempêtes.

L'état de santé du pays conforte cette sensation de dérapage incontrôlé. Notre dette s'envole. Si on met de côté le rattrapage post-crise qui donne une impression de dynamique, en réalité en trompe-l'œil, la croissance est anémique depuis dix ans. Notre déficit commercial vient d'atteindre un nouveau record. Contrairement à nos voisins, notre croissance est tirée par la consommation de produits importés de l'étranger. Le résultat : une désindustrialisation massive, des territoires entiers abandonnés et un taux de chômage parmi les plus hauts d'Europe. À quoi s'ajoutent une insécurité endémique, une immigration incontrôlée, des résultats scolaires indignes d'un pays comme le nôtre et un système de santé au bord de l'effondrement.

Les Français ne peuvent que le constater : leurs problèmes ne sont pas pris à bras-le-corps.

En 1993, pour justifier son échec sur le front de l'emploi, François Mitterrand avait déclaré : « Dans la lutte contre le chômage, on a tout essayé. » Au fond, le pouvoir sortant a fait sien ce dogme du renoncement lorsqu'il se glorifie d'un taux de chômage qui nous place au 23e rang sur 27 en Europe, à un niveau deux fois supérieur à celui outre-Rhin.

Il suffit pourtant de regarder autour de nous pour se rendre compte que notre situation n'est pas la résultante de l'état du monde, mais bien la conséquence d'une impuissance proprement française. L'Allemagne, précisément, nous démontre qu'un autre destin est possible. Qu'il n'y a pas de fatalité au chômage et à des salaires au plancher ; pas de fatalité à une dette insoutenable ; pas de fatalité à un commerce extérieur ultra-déficitaire et à une désindustrialisation qui dévorent le pouvoir d'achat et détruisent les emplois ; pas de fatalité non plus à l'incapacité de reconduire les clandestins dans leur pays d'origine.

« La France n'est pas un pays réformable » n'est que le leitmotiv de ceux qui ont renoncé à répondre aux aspirations des Français. Cette idée fausse ne résiste pas à l'examen des faits, méconnaît le dynamisme profond de notre pays et heurte frontalement ma vision de l'action publique.

Historiquement, notre nation est sans doute celle des plus franches et des plus fécondes ruptures : révolution administrative de Philippe Auguste ; révolution économique de Colbert ; Révolution tout court ; génie organisateur de Napoléon ; grandes réformes libérales et sociales des débuts de la IIIe République ; création de la Sécurité sociale et redressement de la France par le général de Gaulle au sortir de la guerre... L'histoire de notre pays est jalonnée de ces grandes réformes qui ont essaimé dans le monde et dont nous profitons encore aujourd'hui.

Invoquer l'aversion des Français pour la réforme, c'est en réalité chercher une excuse pour masquer ses propres renoncements.

Là encore, un détour par l'étranger permet de constater que les pays qui ont su conduire des réformes ambitieuses en récoltent aujourd'hui les fruits. Tel est le cas du Canada ou de la Nouvelle-Zélande. On l'a oublié mais, lorsque Gerhard Schröder prend le pouvoir en Allemagne en 1998, son pays est « l'homme malade de l'Europe » avec une croissance en berne et un chômage qui augmente plus vite qu'ailleurs. Face à cette situation, il lance l'« Agenda 2010 » qui vise à réformer le marché du travail, le système de protection sociale et le système fiscal. Résultat : le taux de chômage a été divisé par deux entre 2005 et 2010 et s'établit désormais à 3,2 %[1], un taux inconnu en France depuis 1977. C'est un constat partagé par tous que ces réformes sont à l'origine de la prospérité allemande actuelle.

À l'inverse, l'absence de réformes et le dérapage incontrôlé de la dette ont conduit la Grèce à subir les injonctions du Fonds monétaire international (FMI)

---

1. Données Eurostat.

pour éviter la banqueroute. On se souvient moins qu'en 1975, miné par une situation économique catastrophique, le gouvernement britannique – qui avait sans cesse remis les réformes au lendemain – a lui aussi été contraint d'appeler au secours le FMI. Un siècle après avoir initié la révolution industrielle et dominé l'économie mondiale de la tête et des épaules, le Royaume-Uni n'avait d'autre choix que de sabrer ses dépenses publiques sur ordre de ses créanciers internationaux.

La France n'en est pas encore là. Mais la leçon à retenir de ce rapide tour d'horizon international est évidente : ce n'est pas la réforme qui pose problème ; c'est au contraire l'absence de réforme qui mène au désastre.

Ne nous abritons pas derrière le prétexte des crises pour justifier notre inertie à réformer. Bien sûr, la pandémie est une déflagration majeure. Mais comme ont pu l'être les deux chocs pétroliers, la crise des *subprimes* et celle des dettes souveraines que j'ai vécues de l'intérieur quand j'étais au gouvernement. Et que dire des traumatismes encaissés par nos parents et nos grands-parents, avec deux guerres mondiales atrocement meurtrières et les déchirures de la décolonisation ? C'est, au fond et malheureusement, le lot de chaque génération de connaître de dures épreuves mais aussi de tout faire pour transmettre le meilleur aux générations futures.

Attention à ce que la crise Covid – conjuguée à une folie dépensière et à une absence de réformes – ne relègue pas la France hors du peloton de tête des puissances mondiales. Notre pays n'est déjà classé que 17e pour la richesse par habitant, 15 points derrière l'Allemagne. La différence, c'est plus de 8 000 euros par an et par personne !

La réforme est le passage obligé, alors que notre système craque aujourd'hui de tous côtés, pour atteindre ces objectifs que tous les Français partagent : le plein emploi, la baisse des impôts, la sécurité des frontières et les valeurs de notre République fermement défendues, une école de la réussite, une protection sociale et un système de santé performants…

À force de se focaliser sur les moyens, on a perdu de vue les buts. Les Français ne croient plus à l'empilement des milliards sur les milliards qui, à la fin, sont toujours prélevés sur leurs impôts. Si la surenchère de la dépense publique était la solution à tous nos maux, la France, championne du monde des impôts, serait le pays de toutes les réussites. L'heure n'est plus à la dépense sans contrôle : le « quoi qu'il en coûte » doit laisser place au courage de la réforme. C'est ainsi que notre idéal français retrouvera sa vitalité.

À ceux qui se posent la question de savoir pourquoi je réussirai là où tant d'autres ont échoué ou tout simplement renoncé, je dis simplement : regardez mon parcours, observez ce que j'ai fait et jugez par vous-même. J'ai conduit une réforme des universités qui avait sans cesse été repoussée depuis 1968, après avoir tenu neuf mois face à la rue ; ministre du Budget, j'ai été la première à stabiliser les dépenses publiques depuis 1960 et à faire baisser les dépenses de l'État depuis 1945 ; présidente de région, j'ai, comme le reconnaît la Cour des comptes, diminué les dépenses de fonctionnement cinq années de suite, ce qui m'a permis de doubler les investissements dans les transports et dans les lycées tout en stabilisant la dette.

De cette expérience, je tire plusieurs leçons essentielles. Il n'y a pas, d'un côté, le temps des promesses et, de l'autre, le temps de l'exercice du pouvoir. C'est pourquoi j'ai choisi d'avoir un projet clair, transparent et chiffré qui présente des mesures pour augmenter le pouvoir d'achat, des recrutements supplémentaires pour la police, la justice ou chez les soignants. Mais j'ai aussi détaillé les économies que je ferai, car je refuse la démagogie qui consiste à rester évasif sur le chapitre des efforts à faire. C'est pour moi une question de responsabilité et de respect vis-à-vis de nos compatriotes. Lorsque les réformes ne correspondent pas aux promesses, il est normal que les Français s'arc-boutent. Mais à qui la faute ? Mes réformes de demain sont mes engagements d'aujourd'hui.

Si nous voulons bénéficier d'un système social performant et avoir des retraites dignes, il faudra travailler plus longtemps et consentir à engager rapidement la réforme des retraites qui a été trop longtemps repoussée.

J'entends proposer une réforme simple et juste. Tous les Français qui ont travaillé durement doivent pouvoir bénéficier d'une retraite qui leur permette de vivre dignement sans avoir l'angoisse de ne plus pouvoir se chauffer, de limiter leurs déplacements ou de se restreindre parce que leur pension, déjà faible, ne suivrait pas le coût de la vie. La réforme que je propose sanctuarisera le pouvoir d'achat des retraités en indexant les retraites complémentaires sur l'évolution des prix. Elle consistera à augmenter graduellement l'âge de départ à la retraite jusqu'à soixante-cinq ans à l'horizon 2030, sauf pour les Français usés par leur travail. C'est l'âge de départ actuel dans la plupart des pays européens et l'Allemagne a programmé un départ à soixante-sept ans dans les années qui viennent.

Je veux garantir à tous ceux qui ont travaillé toute leur vie une pension d'au moins un SMIC net par mois. Là aussi, c'est une question de dignité. Je veux placer la valeur travail au cœur de mon projet pour la France. Ceux qui ont travaillé toute leur vie doivent avoir la juste récompense de leurs efforts. C'est pourquoi je revaloriserai les retraites des femmes qui leur vie durant ont épaulé leur mari artisan ou travaillé à ses côtés dans leur commerce ou au sein de l'exploitation agricole familiale. Elles doivent toutes bénéficier d'une retraite digne, à la hauteur de l'engagement professionnel qui a été le leur. Enfin, comment pouvons-nous accepter qu'à la détresse profonde de l'arrêt brutal du compagnonnage de toute vie s'ajoute la gêne financière ? Ici encore, le recul de l'âge du départ à la retraite nous permettra d'augmenter très fortement la pension de réversion des conjoints survivants qui n'ont pas cotisé suffisamment pour eux-mêmes afin qu'ils perçoivent 75 % de la pension du défunt et abordent ainsi la suite de leur vie avec davantage de sérénité.

Les règles de l'assurance-chômage doivent également être revues. Toute notre énergie doit être concentrée sur un seul et unique objectif : offrir un emploi à ceux qui n'en ont pas. Cela passe par un suivi plus personnalisé des demandeurs d'emploi et un outil de formation résolument orienté vers les métiers qui recrutent. Ainsi, nous pourrons en finir avec ce paradoxe proprement français, qui hérisse les chefs d'entreprise et suscite l'incompréhension de nos compatriotes, de cumuler des centaines de milliers d'emplois non pourvus et un chômage de masse. Pour les demandeurs d'emploi gagnant plus de 2 500 euros bruts par mois et ayant moins de trente années de vie professionnelle, les allocations chômage seront réduites de 30 % après six mois, sauf s'ils acceptent de se former dans les métiers qui recrutent.

C'est grâce à ces réformes que je pourrai financer une hausse des salaires dès l'été prochain.

Notre pays est affaibli. La bonne nouvelle, c'est que son redressement dépend encore uniquement de nous. Nous avons les moyens de redevenir la première puissance européenne d'ici une dizaine d'années. Comparée à nos voisins, notre démographie reste assez dynamique et le sera plus encore avec la politique familiale que je veux mettre en œuvre et qui reviendra sur dix ans de méthodique démolition. Malgré un temps de travail au cours de la vie parmi les plus faibles du monde, notre productivité demeure élevée, preuve que les

Français savent travailler dur et que notre pays a des atouts à revendre.

Faire de la France une nation gagnante, libre et souveraine, qui fait la fierté de chacun, tel est l'objectif que je vous propose. Nous l'atteindrons à la condition de reprendre en main notre destin. Pour cela, il faut arrêter de « défaire », de « laisser faire » et de « faire semblant », pour tout simplement « faire ». Depuis ses origines, si la France est devenue grande, c'est parce qu'elle l'a voulu.

14

Retrouver notre pleine souveraineté

Un peuple souverain, c'est un peuple qui ne se fait pas imposer par d'autres le cours de son histoire et décide seul de son destin. Être souverain était, pour nous Français, une évidence. C'est de moins en moins vrai. Si nous n'y prenons pas garde, les Français pourraient bien rapidement, et pour la première fois depuis des siècles, habiter un monde qu'ils ne contribueraient pas activement à bâtir. Est-ce cette France-là que nous voulons ? Voulons-nous que le regard de nos enfants se tourne vers l'étranger faute de trouver dans leur patrie l'élan et la vision qui fassent écho à leur audace et à leur énergie ? Je m'y refuse absolument !

En matière numérique, chacun se rend bien compte que nous dépendons de plus en plus de technologies conçues et fabriquées hors de France.

La pandémie nous a douloureusement fait prendre conscience de notre extrême fragilité. Nos compatriotes ont vu, abasourdis, que les décisions prises par les autorités publiques étaient moins guidées par des choix souverains que par l'état de la pénurie. Même dans les secteurs traditionnellement forts de notre économie, comme l'agroalimentaire, la France se retrouve, pour la première fois depuis des décennies, à importer davantage de nourriture qu'elle n'en exporte.

Chaque jour qui passe, la stratégie du « quoi qu'il en coûte », en gonflant une dette détenue pour plus de la moitié par l'étranger, nous laisse un peu moins libres de notre destin.

Notre première urgence est donc financière. En 2007, lorsque François Fillon fait sensation en déclarant qu'il est à la tête d'un État en faillite, la dette de la France s'élevait à 1 200 milliards d'euros. Elle avoisine désormais les 3 000 milliards d'euros ! La faute à la pandémie ? Le raisonnement est un peu court. Entre 2017 et 2020, la dette de la France a bondi de 400 milliards d'euros, deux fois plus qu'en Allemagne. La différence ? Le produit de trois années d'impôt sur le revenu…

Tels sont les faits et ils sont têtus. L'ancien Premier ministre Édouard Philippe, qui est bien placé pour connaître la situation réelle du pays, n'a-t-il pas déclaré en septembre dernier : « Aujourd'hui, la France s'endette pour boucler ses fins de mois, nous finançons notre mode de vie sur le dos de nos enfants et de nos petits-enfants plutôt que de consacrer l'argent public à préparer leur avenir. » Tout est dit.

Quelles marges de manœuvre aurons-nous face à la prochaine crise ? Déjà l'inflation frappe à la porte et les taux d'intérêt remontent. Le gouvernement joue la fuite en avant et plaide pour que Bruxelles revoie la règle limitant les déficits budgétaires autorisés à 3 % du PIB. Mais croit-on vraiment qu'une nouvelle règle sera instaurée au bénéfice de la France, qui figure en permanence parmi les membres de l'Union aux finances les plus dégradées (avant-dernière, derrière la Roumanie, juste avant la crise Covid) ? Et quand bien même Bruxelles prendrait cette décision, quels seraient notre crédibilité et notre poids en Europe et sur la scène internationale ? Voulons-nous vraiment d'une France qui demande l'aumône à ses partenaires étrangers pour assurer ses fins de mois ?

Il est temps de remettre de l'ordre dans les comptes si l'on veut que notre pays reste libre et maître de ses choix. J'étais ministre du Budget en 2011. Nous étions frappés par la violente attaque des marchés sur la dette. Il fallait sauver l'épargne des Français. L'élection présidentielle arrivait à grands pas. Je suis parvenue à faire baisser d'un milliard d'euros les crédits courants des ministères. C'est l'un des très rares moments dans l'histoire récente de notre pays où l'État n'a pas augmenté ses dépenses d'une année sur l'autre. Un milliard de baisse auquel répondent aujourd'hui les 44 milliards de dépenses décidées par le Président sortant pour tenter d'assurer sa réélection.

N'oublions jamais que le «robinet de la dépense» est alimenté par les Français eux-mêmes, qui reçoivent d'une main ce qu'ils paient de l'autre. Ce que l'on appelle pudiquement l'argent public est toujours, au début, l'argent… des contribuables.

Il n'y a pas d'argent magique. Il est illusoire de croire que nous pourrons éviter à l'avenir des hausses d'impôts si l'on ne diminue pas les dépenses publiques. Or, face à des salaires trop faibles et des prix qui grimpent, je ne veux ni les augmenter ni les maintenir, mais bien les faire baisser !

C'est la raison pour laquelle j'ai voulu dès mon entrée en campagne que mon projet soit précisément chiffré et que j'ai proposé 82 milliards d'euros d'économies. C'est aussi la raison pour laquelle je souhaite redonner vie à cette idée de règle d'or budgétaire et fiscale que nous avions portée en 2012 avec Nicolas Sarkozy et qui aurait été tellement bénéfique à notre pays si nos successeurs avaient eu le courage de la mettre en œuvre. Cette règle se traduira par un pacte budgétaire sur cinq ans et, à chaque vote d'une loi de finances, le Conseil constitutionnel devra vérifier que l'État respecte bien la trajectoire de réduction des dépenses qu'il s'est fixé.

Poursuivre la fuite en avant de nos finances publiques, c'est condamner notre modèle social et briser notre influence internationale. On ne pilote pas l'Europe, pas plus qu'on n'impressionne les grands de ce monde, lorsqu'on est faible chez soi, incapable de réformer et fortement endetté. Notre rayonnement extérieur découlera de notre force intérieure, j'y reviendrai. Voilà pourquoi j'insiste tant sur notre indépendance financière. Ce n'est ni un totem ni un gri-gri idéologique. C'est avoir le sens des réalités et le courage de tenir un discours de vérité. C'est la condition de la prospérité de la France, du maintien de notre rang, du rayonnement de notre culture et de la préservation de notre mode de vie. En un mot, c'est la condition de notre souveraineté.

Le général de Gaulle ne pensait pas autre chose lorsque, à peine revenu au pouvoir en 1958, il mit en œuvre le salubre plan « Pinay-Rueff » qui a assaini les finances du pays et ouvert la voie à la prospérité des années 1960. C'était pour lui la première des conditions pour redresser la France et remettre sur pied des institutions dignes de ce nom.

C'est aussi un devoir moral vis-à-vis de la jeunesse et des générations futures. Je ne veux pas laisser à nos enfants une situation intenable avec la chape angoissante de la dette écologique et le mur vertigineux d'une dette financière sans contrôle. En 2017, encore candidat à son élection, le Président sortant écrivait : « La dépense publique a augmenté de 170 milliards d'euros en cinq ans[1]. Ces chiffres donnent le vertige. En y consentant, nous avons commis la faute la plus grave : [laisser] à nos enfants la charge d'une dette insoutenable, faute d'avoir eu le courage d'affronter la réalité. De cette lâcheté nous sommes tous coupables. Un pays ne peut vivre durablement dans l'inertie et le mensonge » … Cinq ans plus tard, il a lui-même inondé la France de dépenses publiques ! Nul doute qu'il invoquera la crise. Mais, nous l'avons vu, les comparaisons internationales ne sont pas en sa faveur. La réalité est que le renoncement a commencé dès son élection et s'est poursuivi pendant la crise ! Et que sa véritable raison doit plutôt être recherchée du côté de ce sentiment honteux qu'il

1. Sous François Hollande.

décrivait si bien lui-même : cette lâcheté à laquelle j'oppose le courage de la réforme, pour retrouver la pleine maîtrise de notre avenir.

15

Libérer les Français !

« Arrêtez d'emmerder les Français ! Il y a trop de lois dans ce pays, on en crève, laissez-les vivre, et vous verrez, ça ira beaucoup mieux. » Jamais le mot de Georges Pompidou n'aura eu autant de succès que ces derniers mois. Quel Français ne se reconnaît-il pas dans cette phrase pleine de bon sens ? Et, pourtant, depuis lors, le volume des lois a pratiquement décuplé et le nombre de décrets a explosé.

« Nul n'est censé ignorer la loi. » Une vie entière pourtant ne suffirait pas à ingurgiter les centaines de milliers de textes en vigueur. Quelle confiance accorder à une norme dans laquelle même les experts se perdent ? De la couleur des volets à la taille des garages à vélos, pas un espace de notre vie n'échappe à l'hydre bureaucratique. Les forces vives de la nation s'y épuisent. Il y a quelques années, l'OCDE a ainsi estimé que la complexité infernale de notre droit nous coûtait la bagatelle de 84 milliards d'euros, davantage que le budget de l'Éducation nationale !

Nous sommes devenus le pays des circulaires et des carcans. L'État semble devenir d'autant plus intrusif dans la vie privée des Français qu'il ne parvient pas à régler leurs vrais problèmes. La France doit redevenir un pays de liberté et de confiance. Ce n'est pas en gardant son bébé dans les bras qu'on lui apprend à marcher. Arrêtons avec ces règlements trop tatillons et qui changent tout le temps. N'essayons pas de tout prévoir dans des circulaires épaisses comme des bottins. Agissons avec bon sens en nous rappelant l'adage de Montaigne : « Les lois les plus désirables sont les plus rares, les plus simples et les plus générales. » Au lieu de dire ce qu'il est possible de faire, limitons-nous à écrire ce qu'il faut absolument interdire. Et pour le reste, laissons au juge le soin de préciser la règle.

Les fonctionnaires sont les premières victimes du carcan bureaucratique qu'on leur impose. J'ai pu voir en Île-de-France combien ils se sentent libérés et s'avèrent plus efficaces quand on les affranchit des lourdeurs qui stérilisent leur activité. Pas un policier, pas une infirmière, pas un artisan, pas un commerçant qui ne martèle à quel point il est lui aussi entravé dans son métier par des tâches administratives rébarbatives et des règles qui défient le sens commun.

Pour libérer notre société, il faut donc frapper fort et juste.

J'ai chargé les parlementaires de mon équipe de travailler dès à présent sur le recensement de toutes les réglementations inutiles ou excessives. Dès mon élection, je demanderai au « comité de la hache », placé auprès du Premier ministre, de me faire des propositions[1]. Commençons par supprimer toutes les normes qui ajoutent aux directives européennes. Retirons aussi des lois tous les avis, rapports et autres schémas superflus qui mobilisent des centaines de milliers d'heures de travail pour des documents confidentiels et peu suivis d'effets.

Les délais des procédures administratives seront divisés par deux. C'est l'objectif que se fixe aujourd'hui le nouveau chancelier d'Allemagne. Nous ne pouvons pas faire moins. Nous ne pouvons plus rater des opportunités comme les usines Tesla ou Intel, parties outre-Rhin, à cause d'errements bureaucratiques. Même chose en matière de

1. À ceux qui s'émeuvent de ce vocable tranchant, je rappelle qu'il reprend le nom de deux comités établis l'un en 1938, l'autre en 1947.

logement. Plutôt que d'imposer la douche à l'italienne dans les logements neufs, simplifions le code de la construction[1] et raccourcissons les délais de construction pour faire sortir de terre et rénover à des prix abordables les 500 000 logements dont nous aurions besoin pour loger nos compatriotes chaque année.

Parce que je crois au bon sens des Français, je mettrai en place, sur le site Internet du gouvernement, un outil permettant à chacun de signaler une norme qu'il juge inutile ou absurde.

Enfin, parce que l'enjeu est bien d'alléger la France du poids de règles que ne s'inflige aucun autre pays, toute nouvelle loi en préparation sera comparée avec le droit en vigueur chez nos voisins. Ainsi, nous arrêterons de saper nous-mêmes nos avantages compétitifs.

Trop de normes, trop de structures aussi. Près de quatre cents commissions consultatives, autant d'opérateurs de l'État. Ce paysage doit être rationalisé. D'expérience, je sais qu'il y a des économies à faire sans dégrader le service public, bien au contraire. En Île-de-France, j'ai divisé par deux le nombre des organismes para-régionaux. Qui

1. Qui a pratiquement doublé de taille en vingt ans.

aujourd'hui saurait me dire lesquels ? Preuve qu'ils n'étaient pas indispensables.

Moins de normes, moins de structures, la réduction du nombre de fonctionnaires se fera d'elle-même. À ceux qui poussent de hauts cris quand je propose de supprimer 200000 postes dans l'administration « administrante »[1], je réponds en leur opposant trois arguments de bon sens. Le premier est que le Président sortant avait lui-même promis 120000 suppressions au début de son quinquennat. Est-ce parce que, finalement, à rebours de ses promesses, il a laissé augmenter de 130000 le nombre des emplois publics que l'objectif initial a perdu son sens ? Le deuxième argument est que cette baisse a déjà été effectuée, côté effectifs de l'État, entre 2007 et 2012, grâce à Nicolas Sarkozy. Le troisième et dernier argument est que cet effort correspond au non remplacement d'un départ sur trois à la retraite, soit une diminution des effectifs de 0,5 % chaque année.

Si on ne parvient pas à faire cela, si, comme semblent le penser des esprits pleins de certitudes, le simple fait de prendre un tel engagement est irréaliste, alors il est préférable de renoncer à présenter

1. En parallèle, 50000 postes seront créés sur les missions prioritaires éduquer, protéger, soigner, soit une réduction nette de 150000 postes.

sa candidature à la magistrature suprême. Car c'est considérer avant même l'élection qu'on n'aura aucune prise sur les événements, ce qui est la raison première de l'exaspération des Français et de leur désintérêt pour la politique.

Arrêtons avec la paresse intellectuelle du « toujours plus de moyens », financés par « toujours plus de taxes ». Tous les Français savent que nous sommes les champions du monde des impôts. Malheureusement, nous n'avons plus de services publics réputés les meilleurs du monde. Les enquêtes d'opinion montrent au contraire que les Français jugent qu'ils étaient meilleurs avant… quand il y avait moins de fonctionnaires.

Il est évident que nous devons mettre davantage de moyens là où les manques sont criants, mais il est tout aussi évident qu'il faut les réduire là où, par exemple, les nouvelles technologies nécessitent moins de ressources. En vingt ans, les effectifs du ministère des Finances ont baissé de 30 % grâce à la digitalisation des impôts et le service rendu s'est amélioré. N'est-il pas temps de réinventer le métier de fonctionnaire pour lui redonner tout son sens et toute sa noblesse ?

Nous devons former les agents du service public afin qu'ils deviennent des soutiens de projets plutôt que des producteurs de normes. Certaines rémunérations doivent être sensiblement revalorisées. L'organisation du travail doit être revue en mettant l'accent sur les tâches les plus motivantes et en donnant davantage d'autonomie aux agents. En matière de santé, par exemple, nous devons donner davantage de responsabilités aux infirmières et leur apporter la reconnaissance salariale qui va avec. Pour les missions qui le permettent, le télétravail sur des plages étendues doit devenir la règle afin de mieux concilier vie professionnelle et vie personnelle. Les agents doivent être mieux équipés : doter un policier d'une caméra, c'est permettre, comme au Royaume-Uni, que la vidéo tienne lieu de procès-verbal et lui éviter ainsi de fastidieuses tâches administratives.

Le vrai changement consiste à rendre à chacun le sens de son métier : au policier, la sécurité ; à l'infirmière, les soins ; au professeur, l'enseignement… Je me méfie des expressions ronflantes. Je ne cherche pas à mettre en œuvre un « grand soir », mais simplement une gestion ajustée, partout, au plus près du terrain, comme le font ces milliers de Français qui dirigent des PME.

Moins de normes, moins de structures, moins de fonctionnaires… Enfin, nous pourrons baisser durablement les impôts. Notre inventivité fiscale est sans limites, allant jusqu'à créer des taxes sur la taxe, comme celle sur le prix de l'électricité, que je supprimerai. Il faut dégonfler la pression fiscale pour libérer la création d'activités et augmenter les revenus. Chaque année, près de la moitié de la richesse produite est engloutie par les pouvoirs publics. C'est 200 milliards d'euros de plus que chez nos voisins, l'addition des recettes de la TVA et de l'impôt sur le revenu…

J'aime cette formule de Winston Churchill : « On considère le chef d'entreprise comme un homme à abattre, ou une vache à traire. Peu voient en lui le cheval qui tire le char. » Je suis de cette dernière catégorie. Je supprimerai au moins 10 milliards d'impôts de production qui pèsent sur la compétitivité de nos entreprises et entravent la création d'emplois. Il y en a 35 milliards de plus que la moyenne européenne.

J'élargirai également la réflexion. D'un côté, la puissance publique prélève 165 milliards d'impôts de production et sur les bénéfices. De l'autre, elle verse 145 milliards d'euros d'aides à l'économie… Évidemment, ceux à qui on prélève ne sont pas nécessairement ceux à qui l'on donne. Le rapprochement reste toutefois troublant. Et si, plutôt que de prendre de l'argent pour le rendre, avec au passage une couche de bureaucratie dans l'entreprise et dans l'administration, nous prélevions moins ?

Mon objectif est d'augmenter le pouvoir d'achat. Nicolas Sarkozy avait employé cette formule, que tout le monde a retenue, « travailler plus pour gagner plus », et avait su lui donner corps en défiscalisant les heures supplémentaires, une mesure qui a profité à des millions de Français. Je souhaite à mon tour faire du travail la valeur centrale de mon projet et supprimer toutes les entraves au désir d'activité des Français. Mais je souhaite aussi qu'à temps de travail égal ils puissent gagner davantage. Les salaires sont trop bas en France, plus bas que chez nos grands partenaires européens. Les Français en souffrent, et plus encore ces derniers mois où tous les prix ont augmenté : le logement, le chauffage, l'essence, l'alimentation…

Il faut que le travail paie plus, et davantage que l'assistanat.

Je me fixe comme objectif d'augmenter de 10 % les salaires nets, hors inflation, d'ici la fin de mon quinquennat. Dès l'été 2022, je baisserai les cotisations vieillesse de sorte à augmenter mécaniquement les revenus de 3 % nets.

Augmenter les revenus, c'est aussi tenir compte de l'envolée du prix de l'essence et revaloriser le forfait kilométrique fiscal en supprimant le plafond injuste des 40 kilomètres pour ceux qui se servent de leur voiture comme outil de travail.

Je développerai aussi l'intéressement et la participation mis en place par le général de Gaulle. Ils doivent constituer un véritable « dividende salarié » qui témoigne de l'association des salariés à leur entreprise et de la réconciliation fructueuse du travail et du capital.

Donnons davantage d'espace à la libre entreprise !

Redessinons les contours de l'État actionnaire. Il n'a pas vocation à conserver des participations minoritaires dans des entreprises. Utilisons les milliards ainsi dégagés pour financer des dépenses d'avenir.

Renforcer la libre entreprise, c'est aussi considérer que le lieu de travail peut être un espace de confiance. En moins de vingt ans, le Code du travail qui comptait moins de 4000 articles en dénombre désormais plus de 10000. Je veux en finir avec cet enfer bureaucratique et redonner de l'air aux entreprises. Arrêtons de penser que tout le monde doit impérativement passer sous la même toise et que tout doit être décidé par la loi. Arrêtons de penser que l'employeur doit être placé sous surveillance sinon sous tutelle. De l'air !

La liberté, c'est une durée de travail de référence, non plus fixée par la loi mais établie par accord d'entreprise ou de branche et, à défaut d'accord, par référendum, tout en sanctuarisant le pouvoir d'achat des salariés.

La liberté, c'est faciliter le recours aux heures supplémentaires défiscalisées et la possibilité de convertir ses RTT en salaire pour ceux qui préfèrent recevoir de l'argent que partir en congés.

La liberté, c'est supprimer tous les verrous actuels qui contraignent les retraités souhaitant conserver ou reprendre une activité.

À ceux qui pensent que de telles réformes fragiliseraient la situation des salariés, je demande simplement de regarder les choses telles qu'elles sont. Pourquoi, avec notre réglementation ultra-pointilleuse, avons-nous un des taux de chômage les plus hauts d'Europe et des salaires inférieurs à ceux de nos partenaires ? Loin de protéger les salariés, nos lois nous enferment dans le chômage de masse et les bas salaires. Ce n'est pas de l'idéologie, c'est un constat.

Je veux dessiner, avec les Français, un nouveau chemin, qui existe déjà chez nos voisins : celui de la confiance et de la poursuite d'objectifs communs. Plus de liberté pour les salariés et les employeurs, moins de taxes pour les entreprises, et des salaires plus élevés.

Les collectivités locales doivent aussi bénéficier de ce vent de liberté que je ferai souffler sur tout le pays.

L'unité de la République, ce n'est pas l'uniformité. À l'évidence, les problèmes ne sont pas les mêmes à Saint-Pardoux-Corbier en Corrèze qu'à Saint-Ouen-sur-Seine, en Seine-Saint-Denis. Pour être efficaces et parvenir au même but, les politiques publiques doivent tenir compte des particularités locales.

Je veux m'appuyer sur l'énergie des territoires en engageant la plus grande vague de décentralisation depuis les lois Defferre et Raffarin. Toutes les études montrent que les États fortement décentralisés sont plus efficaces que ceux qui concentrent les pouvoirs au niveau de l'État central. Les transports fonctionnent plus efficacement et les lycées sont mieux entretenus depuis que les régions en ont la charge. La raison en est simple : confier ces compétences à une collectivité, c'est les soustraire à une administration lointaine pour les donner à des élus « à portée d'engueulade ».

L'État doit lâcher prise et se concentrer sur ses missions essentielles : protéger, éduquer, soigner. Toutes les autres compétences doivent être confiées au niveau local en appliquant le principe si bien décrit dans notre Constitution : « Les collectivités territoriales ont vocation à prendre les décisions pour l'ensemble des compétences qui peuvent le mieux être mises en œuvre à leur échelon. »

Ce principe vaudra également pour les outre-mer dans le cadre de leurs statuts particuliers.

Enfin, la crise des Gilets jaunes a montré combien nous avions besoin de rétablir un lien plus direct entre le pouvoir politique et les Français. Je suis gaulliste et, à ce titre, je crois profondément à la consultation directe du peuple. On ne souffre jamais d'un excès de démocratie. Et c'est pourquoi, dix-sept ans après le dernier référendum national dans l'Hexagone, je crois à la nécessité de revenir devant les Français, cette fois sur les sujets de sécurité et d'immigration. C'est à eux de décider si nous devons modifier notre Constitution pour renforcer notre droit face à la montée de l'insécurité et à l'immigration incontrôlée, et ne plus se réfugier, comme beaucoup l'ont fait, derrière les prétendus obstacles du droit de manière à ne rien faire et à justifier tous les renoncements. Et parce que je crois profondément aux vertus de cette consultation directe, je mettrai en place le référendum d'initiative populaire. Un peuple libre, c'est un peuple qui peut faire entendre son opinion entre les grandes échéances électorales nationales.

Une société de la liberté, une société de la confiance, c'est cela ma Nouvelle France. Nous devons réviser notre conception de l'État. L'État n'est pas là pour établir partout des garde-fous.

Il n'est pas là pour empêcher, mais au contraire pour accompagner. Au lieu de réprimer les initiatives avant même qu'elles ne naissent, disons-nous qu'elles sont une chance pour la France et soutenons-les. Je mesure que c'est une petite révolution culturelle pour notre pays. Mais c'est une révolution du bon sens, attendue par tous.

Quand on voit la performance économique de notre pays malgré les boulets que nous lui avons fixés aux pieds, on imagine la puissance qui serait la nôtre, dans cinq ans, dans dix ans, si nous cantonnions notre administration ne serait-ce qu'au niveau de la moyenne européenne. Dès lors, rien ne pourrait empêcher la France de renouer avec une période glorieuse de prospérité et de rayonnement.

16

Faire rayonner la France dans le monde

Avec moins de 1 % de la population et environ 3 % de la richesse de la planète, la France n'est plus de taille à rivaliser seule avec des géants comme les États-Unis et la Chine pour le *leadership* international. Elle dispose toutefois d'atouts extraordinaires pour continuer d'orienter le destin du monde.

La géographie d'abord. La France fait partie des rares pays présents sur toutes les grandes aires géographiques du globe. Avec 10 millions de kilomètres carrés (la superficie de l'Europe !), elle possède le deuxième domaine maritime mondial derrière les États-Unis.

L'histoire ensuite. Depuis des siècles, la France contribue à façonner le monde par ses conquêtes intellectuelles, politiques et militaires. Elle a été de toutes les grandes épopées. L'héritage de ce destin hors du commun, c'est une présence aux premiers rangs des grandes institutions internationales, des ambassades dans pratiquement tous les pays du monde et trente-deux États et gouvernements qui ont le français pour langue officielle.

Comme toutes les choses humaines, cette position est instable et réclame une ténacité de tous les instants pour être maintenue. Il fallait être le général de Gaulle pour réussir, en quelques mois, à faire passer la France de l'affront de la défaite à la table des vainqueurs. Sans cette volonté indomptable, elle n'occuperait pas aujourd'hui un siège permanent au Conseil de sécurité des Nations Unies qui la place, *de facto*, au centre du jeu diplomatique. Sans cette vision affirmée de la grandeur nationale, la France ne serait pas non plus membre du club très fermé des États dotés de l'arme nucléaire. À la suite du Brexit, la France est ainsi le seul membre de l'Union européenne à disposer de ces deux atouts majeurs pour peser dans le concert des nations.

Cette position, nous la devons aussi à des chefs d'État qui, par-delà leurs convictions politiques, ont fait le choix de la continuité pour doter la France d'une armée disposant d'une palette stratégique parmi les plus étendues au monde. C'est grâce à cette détermination collective que la France a su occuper une place singulière sur l'échiquier mondial, non pas celle d'un géant craint mais celle d'un partenaire nécessaire, respecté et écouté.

Protéger les opprimés ; participer aux grandes coalitions internationales sous mandat de l'ONU pour lutter contre la barbarie ; s'affirmer comme un soutien indéfectible de ses alliés quand les causes sont justes et savoir dire non aux puissants quand, au plus profond de nous-mêmes et instruits par les tragédies de l'Histoire, nous savons qu'ils se fourvoient ; prendre en main le cours des événements lorsque la situation devient instable et qu'il faut inventer une réponse nouvelle ; savoir parler à tout le monde quand la paix est en jeu : c'est cela qui constitue la voix forte et singulière de la France dans le concert des nations.

À l'aube d'une nouvelle échéance présidentielle, il est donc nécessaire d'imaginer ensemble la place que nous voulons pour notre pays dans le monde et quels moyens nous nous donnons pour y parvenir. La question s'impose d'autant plus que cela fait plusieurs décennies que les menaces n'ont été aussi fortes.

D'abord, et même s'il peut paraître plus diffus, le danger islamiste est toujours bien présent et il faut continuer de le combattre sans merci.

Mais c'est aux marges de l'Europe que la situation est la plus préoccupante. Au moment où je termine ce livre, la Russie, après avoir annexé la Crimée et cherché, avec l'aide de la Biélorussie, à déstabiliser l'Europe en instrumentalisant des milliers de migrants à la frontière polonaise, vient de violer les lois internationales les plus essentielles en annexant deux régions du territoire ukrainien et en lançant contre l'Ukraine une opération militaire. Ces actions doivent être vigoureusement condamnées, des sanctions puissantes aussitôt mises en œuvre par les États membres de l'Union européenne et le niveau de la riposte s'adapter à l'évolution des événements pour conserver son caractère disuasif et protéger le peuple ukrainien.

En Chine, les dépenses militaires ont été multipliées par dix en vingt ans. Après la reprise en main expresse et brutale de Hong Kong, le pays intensifie les manœuvres en mer de Chine méridionale et multiplie les provocations au sujet de Taïwan. Partout dans le monde, l'Empire du Milieu accapare les terres rares devenues indispensables aux nouvelles technologies et utilise les dividendes de sa position d'usine du monde pour pousser ses nouvelles routes de la soie.

En face, les États-Unis maintiennent intacte leur volonté de rester la première puissance du monde mais acceptent de moins en moins le fardeau et les sacrifices que ce statut impose. Leur départ précipité d'Afghanistan n'a fait qu'aiguiser l'appétit des autres grands qui ont bien compris que la riposte américaine ne serait plus nécessairement automatique s'ils outrepassaient la ligne jaune. L'avenir dira si ce repositionnement stratégique sera salutaire, en leur permettant de concentrer leurs forces là où l'enjeu est le plus grand ou si, au contraire, il contribuera à affaiblir leur puissance. Ce qui est certain en revanche, c'est que les États-Unis ont acté leur basculement stratégique vers le Pacifique, n'hésitant pas, ce faisant, à négliger leurs alliés historiques.

Ce tour du monde ne serait pas complet si l'on n'évoquait pas les menaces toujours bien présentes de la Corée du Nord ou de l'Iran, dont les provocations pourraient faire basculer le cours du monde. L'équilibre du Proche et du Moyen-Orient reste très précaire, et risque de l'être de plus en plus avec le dégonflement probable de la manne pétrolière (en dépit du pic actuel du prix du baril). L'Afrique doit de son côté faire face aux enjeux colossaux du boom démographique, du changement climatique, de l'instabilité politique et de la progression islamiste. De manière générale, c'est l'ensemble des pays en développement qui auront à gérer les conséquences de la pandémie dans des économies fragilisées par un endettement élevé et la remontée mondiale des taux d'emprunt.

Du côté de l'Union européenne, c'est bien sûr en Ukraine que son effacement est le plus dommageable. On voit en effet un conflit majeur à ses portes être traité essentiellement par Washington et l'OTAN et une Union jusqu'ici en retrait malgré les sanctions prises à l'unanimité de ses membres.

À l'évidence, nous entrons dans un monde plus dangereux auquel nous devons nous préparer, sans angoisse exagérée, mais sans naïveté non plus.

Pour cela, il y a un impératif : avoir une stratégie claire. Nul besoin d'être excessivement critique pour constater que le bilan diplomatique du quinquennat finissant est, comme sur le plan intérieur, fait de beaucoup de postures mais de peu de résultats.

Notre relation transatlantique est peut-être celle qui résume le mieux cet écart. Le Président sortant aura inauguré son mandat en accueillant « en grande pompe » Donald Trump au défilé du 14 Juillet. Il l'achève avec des Américains qui, sans même nous avertir, s'emparent de notre contrat de sous-marins avec l'Australie. Notre habitude de faire payer par nos partenaires européens nos dérapages budgétaires agace les pays qui ont eu le courage d'engager des réformes, et affaiblit terriblement notre capacité à construire de larges alliances autour de projets stratégiques. D'autres reculs piteux ont succédé à des déclarations martiales, ailleurs dans le monde. En Algérie, après avoir commis, avant son élection en 2017, une faute inexcusable en qualifiant la colonisation de « crime contre l'humanité », le Président sortant a voulu en septembre 2021 montrer un visage de fermeté, en accusant le régime algérien d'être un « système politico-militaire » vivant sur une « rente mémorielle ». Chaque fois, ce fut pour aussitôt faire machine arrière au prix d'une repentance à sens unique qui sonnait comme un aveu de faiblesse.

Mais c'est au Mali que l'isolement de la France et les incertitudes stratégiques ont pesé le plus lourd. Je veux rendre hommage ici à nos soldats qui ont perdu la vie en tentant d'éradiquer le terrorisme à sa racine. Notre armée s'est d'abord retrouvée esseulée face à une menace réelle mais dispersée dans un territoire immense. Le gouvernement en repli a ensuite été humilié avec le renvoi de notre ambassadeur de ce pays que nous avons tant aidé, avant de jeter l'éponge en mettant fin à l'opération Barkhane. Ce faisant, la France laisse le champ libre aux djihadistes et aux mercenaires du Groupe Wagner, manipulés par les Russes. Cette situation n'est malheureusement que l'illustration d'un recul sans précédent de l'influence française sur ce continent, avec lequel nous avons pourtant tissé tant de liens.

Derrière les postures, les succès diplomatiques se dérobent et l'influence française décline. L'information a ainsi couru que la France était prête à renoncer à son siège de membre permanent au Conseil de sécurité de l'ONU au profit de l'Union européenne, en contrepartie de timides avancées sur une armée continentale. Si cette rumeur, aussitôt démentie, a pu prospérer, c'est parce qu'elle correspondait précisément à l'état d'esprit stratégique du moment.

En bref, le Président sortant donne le sentiment d'avoir souvent cédé sans que la France ait beaucoup reçu en retour. Il est urgent de quitter cette diplomatie de la posture, peu efficace, pour revenir à une défense stricte de nos intérêts et de nos valeurs.

Le premier impératif est de bâtir une politique étrangère et de défense française forte et affirmée. Le second est de construire une Europe puissante. Pour reprendre le mot particulièrement avisé de l'ancien ministre allemand des Affaires étrangères Sigmar Gabriel, l'Union européenne ne peut plus être « le dernier végétarien dans un monde de carnivores géopolitiques ».

Cela passe par quelques évidences. Ses frontières doivent être stabilisées et défendues. L'Europe doit se donner les moyens de faire cesser les flux migratoires incontrôlés, refuser tout nouvel élargissement et mettre définitivement fin au processus d'intégration de la Turquie, simplement suspendu aujourd'hui.

Il lui faut parallèlement mener une vraie politique d'indépendance stratégique, c'est-à-dire agricole, numérique, énergétique, de santé ou d'approvisionnement en matières premières essentielles, comme les terres et les métaux rares. Il est aussi nécessaire qu'elle dépasse son dogme de l'anti-concurrence pour faciliter la construction de champions industriels européens de taille à rivaliser avec leurs concurrents américains ou chinois. Cette indépendance sera précieuse pour conduire les Européens à parler d'une seule voix là où, aujourd'hui, les autres puissances jouent habilement des dépendances extérieures de certains membres de l'Union (au gaz russe, aux exportations en direction des États-Unis, aux investissements chinois...) pour nous diviser. Enfin, l'Europe doit imposer à ses partenaires un principe de stricte réciprocité et ne pas ouvrir ses marchés à ceux qui les lui ferment.

À raison, l'Europe a choisi de s'imposer des normes élevées de protection sociale et de l'environnement. Ces règles ne doivent pas conduire à affaiblir nos industries au profit d'entreprises extra-européennes moins vertueuses. L'Europe doit surtout s'affirmer comme un modèle qui inspire le monde, sur la transition écologique, sur la protection sociale, sur les libertés politiques et la garantie des droits individuels. Elle doit fièrement affirmer son héritage culturel, fille de l'Antiquité, du christianisme et des Lumières, et non s'épuiser dans une fuite en avant bureaucratique. Au fond, l'Europe doit accepter et revendiquer sa puissance. Pour s'exprimer pleinement, elle doit dépasser son horizon économique et monétaire désincarné. Sans verser dans un fédéralisme dont les peuples ne veulent pas, elle doit accepter d'être fidèle à son histoire et devenir un modèle de civilisation.

Je suis résolument pour une Europe des nations, et des nations libres. Je n'hésiterai pas à invoquer « l'identité constitutionnelle » de la France pour m'opposer à tout empiètement du droit européen sur les valeurs et les principes de notre République, comme lorsqu'il s'agit de limiter, de manière absurde, le « temps de travail » de nos militaires, pourtant prêts à tout instant à être mobilisés et à donner leur vie pour nous protéger.

Cela n'interdit pas, bien au contraire, d'affirmer une véritable autonomie stratégique et une vision proprement européenne de la sécurité de notre continent. Je plaide pour la création d'un Conseil de sécurité européen qui viendrait combler ce vide. Face aux nouvelles menaces – les cyber-attaques, qui ouvrent la possibilité de paralyser tout un pays sans tirer un coup de feu, ou l'espace, qui devient un champ de manœuvre militaire –, l'Europe est aussi le bon échelon pour construire une réponse crédible. Mais ces coopérations doivent se faire dans un cadre qui préserve pleinement les intérêts de la France. Aujourd'hui, c'est l'Allemagne qui profite à plein des transferts de technologie et des emplois liés aux projets d'avion de combat et de char européens du futur.

C'est également au niveau européen qu'un « plan Marshall » pour l'Afrique doit émerger. Contrairement au Président sortant, je ne me satisfais pas de voir les pays d'Afrique, avec lesquels nous sommes si intimement liés, nous tourner le dos pour construire des partenariats avec la Russie ou la Chine. Parce que nos destins sont mêlés, il faut impérativement aider les populations africaines face au Covid, au défi climatique et aux enjeux de leur développement économique. Sans quoi, la pression démographique, accentuée par l'instabilité politique déjà à l'œuvre, sera trop forte et conduira à une explosion de l'immigration vers nos rives. De son côté, l'Agence française de développement doit totalement revoir ses modes d'action et donner clairement à l'aide au continent africain la priorité.

Cette nouvelle assise européenne nous apportera plus de forces pour faire entendre notre voix singulière. Priorité doit être donnée à la protection de notre territoire, à la lutte contre le terrorisme et au raffermissement des partenariats avec les peuples dont nous partageons l'histoire et un avenir communs.

La défense de nos intérêts passe d'abord par la protection du territoire national partout dans le monde, y compris en ses espaces les plus petits et les plus lointains, comme l'île Tromelin au large de Maurice, les îles Éparses au large de Madagascar ou les îles Matthew et Hunter au large du Vanuatu. Car un espace pillé devient rapidement un espace perdu.

La France est une puissance mondiale. Nous devons assumer une politique d'accords de défense et de présence militaire plus étendue. Dans ce nouvel espace d'affrontement géostratégique qu'est le Pacifique, nous devons ainsi déployer en permanence des navires de premier rang.

La Loi de programmation militaire doit être respectée et sa montée en puissance dépendra de nos marges de manœuvres financières.

Nous devons avoir des capacités militaires opérationnelles. Aujourd'hui, un grand nombre de nos avions et de nos hélicoptères de combat ne sont pas aptes à intervenir, faute d'entretien. Nos stocks de munitions sont insuffisants pour un combat de haute intensité dans la durée.

Enfin, nous devons mieux utiliser notre plus belle arme, l'arme de la langue et des mots : la francophonie. Trois cents millions de femmes et d'hommes parlent le français partout dans le monde. C'est un trésor inestimable que nous devons faire fructifier.

Réformée à l'intérieur, dotée de finances saines, sûre de ses valeurs et tournée vers l'avenir, intégrée dans une Europe puissante, recentrée sur la défense de ses intérêts stratégiques, la France retrouvera une voix forte auprès des grandes puissances avec lesquelles j'engagerai des rapports francs et directs.

À Joe Biden, le Président américain, je dirai que les liens indéfectibles qui unissent nos deux pays font de la France un partenaire privilégié des États-Unis, mais en aucun cas un vassal. Notre appartenance à l'OTAN ne saurait être remise en cause, mais elle ne doit pas nous empêcher d'avoir une vision proprement européenne de la sécurité de notre continent dans le cadre d'une autonomie stratégique affirmée. Je lui dirai aussi que sa légitime obsession chinoise ne doit pas le conduire à distendre ses liens avec l'Europe. C'est au contraire un partenariat renforcé entre l'Amérique et une Europe puissante – qui partagent des valeurs communes – qui aidera nos continents à peser face à la Chine.

Dans la lignée gaulliste, je construirai en parallèle un dialogue stratégique de fermeté avec la Russie et la Chine, ce nouveau front autoritaire, fondé sur la symétrie des engagements.

À Xi Jinping, je dirai que moi aussi je viens d'un vieux pays, et, qu'à ce titre, je comprends sa volonté de voir la civilisation millénaire chinoise peser de nouveau de tout son poids sur le destin du monde. Mais cette volonté ne doit pas aboutir à déchirer une paix toujours fragile.

Enfin, à Vladimir Poutine, et en l'état de la situation au moment où j'écris ces lignes, je dirai que l'agression de l'Ukraine est une violation inacceptable du droit international. Je pense que les Russes veulent vivre en paix avec les autres Européens et ne souhaitent pas que leur pays devienne un État en marge de la communauté internationale, régnant uniquement par la force et la terreur.

Faire rayonner la France dans le monde

Une France forte dans une Europe des nations puissante. C'est ainsi que notre pays rayonnera de nouveau et sera fidèle à son destin, tel que l'a défini le général de Gaulle : « La France n'est elle-même qu'au premier rang. »

17

Une présidence de la concorde et de l'action

La Ve République, et c'est sa force, a donné au président de la République des prérogatives puissantes. Ces pouvoirs, j'entends les exercer pleinement. Mais si l'arbitrage final est présidentiel, car il résulte du suffrage universel, être chef, ce n'est pas être seul. Je crois profondément aux vertus de l'intelligence collective. Ceux avec qui je travaille le savent. Pour moi, il n'y a rien de plus stimulant que ces séances d'échanges collectifs où, à force de confrontations, les meilleures idées émergent.

À un Président soliste succédera donc une Présidente chef d'orchestre. Parce que les défis à relever sont immenses, je m'entourerai d'une équipe de talents et d'expérience. La réforme est un art de l'exécution. Pour obtenir des résultats rapides, il faut des personnes immédiatement opérationnelles qui connaissent la gestion publique pour l'avoir exercée. Des personnalités qui sachent ressentir le pouls des Français et ne se laissent pas imposer des mesures technocratiques, comme la hausse de la taxe carbone qui a entraîné la crise des Gilets jaunes. Des personnalités qui ont déjà conduit des réformes, et savent qu'à s'enferrer, par simple réflexe bureaucratique, dans des réformes cathédrale comme celle sur les retraites, on coalise les mécontentements et on est finalement contraint de faire marche arrière.

La droite et le centre ont cette chance de disposer d'un vivier important d'élus, parlementaires, maires, présidents et vice-présidents de départements et de régions. Ils ont fait leurs preuves sur le territoire et sont désormais prêts à occuper des fonctions ministérielles. Cela n'interdit pas de recourir à des personnalités de la société civile, pour qu'elles aussi contribuent à apporter leur propre savoir-faire.

Je veux enfin que cette équipe réponde de ses résultats. Lorsque j'étais ministre de l'Enseignement supérieur et de la Recherche, j'ai souvenir que mon homologue tchèque avait perdu son poste pour ne pas avoir su obtenir les fonds européens auxquels son pays avait droit. Cela semble inimaginable en France et pourtant je suis convaincue que c'est ce que les Français attendent : des pouvoirs publics responsables, évalués sur l'atteinte de leurs objectifs et sanctionnés quand les résultats ne sont pas au rendez-vous. Après tout, n'est-ce pas ce qu'ils vivent au quotidien, dans leur cadre professionnel ?

Faire place au collectif, c'est aussi considérer que le président de la République, aussi puissant soit-il, n'est que le sommet d'une pyramide institutionnelle.

C'est pourquoi je veux renforcer le rôle du Parlement, aujourd'hui tellement effacé que, fait inédit, on assiste à une crise des vocations. Le cœur battant de notre démocratie ne doit pas devenir le cimetière des illusions de toute une génération. L'hémicycle doit redevenir un lieu de confrontation des idées politiques, d'initiative des lois, de contrôle de l'action gouvernementale. Pour cela, il doit aussi accepter de se concentrer sur l'essentiel et de ne pas céder à la frénésie législative qui sévie depuis longtemps.

Il faut aussi renouer un dialogue nourri et confiant avec des corps intermédiaires aujourd'hui méprisés au point que la moindre étincelle sociale se propage comme un feu de paille. Il y a deux siècles déjà, Alexis de Tocqueville nous mettait en garde : « Le pouvoir central en France [...] est parvenu à détruire tous les pouvoirs intermédiaires, et entre lui et les particuliers il n'existe plus rien qu'un espace immense et vide.» Notre pays souffre d'un pouvoir trop solitaire, n'ayant pas suffisamment de relais sur lesquels s'appuyer pour échanger, convaincre et mettre en œuvre de profondes réformes. Je veux m'inspirer de l'étranger et de ce que j'ai fait en Île-de-France, en signant sept accords de dialogue social, pour instituer un échange franc, constant et serein avec les représentants des salariés, des entreprises et de tous les corps constitués. Chacun devra prendre sa part des responsabilités et, sans renier ses convictions, assumer les compromis qui permettent d'aller dans la bonne direction pour le bien du pays.

Je souhaite aussi redonner toute sa place à la démocratie locale. Avec les collectivités, le quinquennat finissant a débuté dans l'ignorance pour s'achever dans la défiance. Depuis combien de temps les présidents de régions n'ont-ils pas été reçus ensemble à l'Élysée? Et, s'agissant des communes, si le Président sortant a consenti à venir au congrès de l'Association des maires de France (AMF), c'est pour leur faire la leçon. Je rencontrerai régulièrement les présidents de régions et de départements, quelle que soit leur couleur politique, car leur légitimité ne vient pas de leur proximité avec la majorité politique en place mais des suffrages qu'ils ont reçus des Français. Je continuerai d'entretenir un dialogue constant avec les maires, comme je le fais aujourd'hui en Île-de-France, où je m'appuie sur eux, sans considération partisane, pour amplifier l'action de la région sur le territoire.

J'incarnerai aussi la présidence du respect. Le rôle d'un Président est d'entraîner les Français, et non de les « emmerder », de les rassembler et non de les diviser. Je me refuserai à ces mots inutiles qui blessent sans convaincre. Je chercherai partout la concorde au lieu d'entretenir la discorde. À une présidence dure avec les faibles et faible avec les durs, j'opposerai une présidence ferme et intransigeante envers ceux qui défient nos lois et qui, à l'intérieur comme au-delà de nos frontières, n'ont pour objectif que le désordre. Je serai en revanche bienveillante à l'égard de l'immense majorité de nos concitoyens qui respectent les lois et défendent nos valeurs malgré toutes nos différences ou nos désaccords.

Je veux être une Présidente efficace et juste. Les Français veulent que le gouvernail soit fermement tenu. Ils sont lassés des déclarations sans lendemain, des mots qui claquent et des résultats qui tournent courts. Je revendique d'être plus modeste dans la posture pour être plus efficace dans les résultats. Je suis convaincue qu'il n'y a pas besoin de gesticulations quand la ligne à suivre est claire. Ma gouvernance sera aussi sereine que mon projet est puissamment réformateur.

Comme je l'ai fait dans tous les postes que j'ai occupés, je veux que les engagements pris soient rapidement convertis en mesures concrètes.

Tournant le dos à cinq années d'incessants changements de pied, ma présidence sera également celle des convictions. Sans lignes directrices, les grandes réformes ne se font pas. Combien de décisions n'ont pas été prises – sur la fin des avantages sociaux donnés aux clandestins dans les transports, par exemple – parce que, fondamentalement, la majorité actuelle est faite de bric et de broc, ses membres unis pour la seule circonstance de l'élection de 2017, mais au fond d'accord sur assez peu de choses ?

Une gouvernance simple, respectueuse, collective, responsable, efficace, ancrée dans ses convictions : c'est avec cette révolution douce, celle du bon sens, que nous obtiendrons des résultats.

Enfin, rompant avec cinq années d'immobilisme, ma présidence sera celle de l'action, et de l'action immédiate. Parce qu'ils sont immenses, les chantiers qui sont devant nous doivent être lancés vite. La France est impatiente. Le pays ne peut plus attendre.

Conclusion

L'avenir est la plus belle des aventures

Au fil de ces pages, je vous ai dit pourquoi, à ce moment de ma vie et de notre histoire, j'ai choisi de me présenter à vos suffrages et vous ai expliqué le sens de mon projet.

Ce qui m'attriste aujourd'hui, c'est de voir tant d'exaspération et de souffrances dans notre pays quand je sais qu'ensemble nous avons la volonté et nous disposons des ressources pour faire beaucoup mieux. Je veux construire pour notre pays un avenir qui s'inscrit profondément dans ce que nous sommes : notre histoire, notre identité, mais aussi un sens retrouvé de la dignité et ce goût du progrès qui, aux époques les plus glorieuses de notre nation, nous a toujours permis de regarder loin devant. Il ne tient qu'à nous de nous réinventer pour bâtir cette Nouvelle France, unie parce que sûre de ses valeurs ;

confiante, parce qu'en sécurité ; libre, parce que débarrassée de ses carcans ; optimiste, parce que prospère.

Je me suis engagée dans la vie publique animée par la volonté de faire et la conviction que le courage en politique permet d'infléchir le cours des événements pour substituer au monde tel qu'il existe un monde qui s'accorde à nos désirs. Je n'ai jamais dévié de cet idéal qui guidera toujours mon action.

Le temps est venu d'une présidence de l'action pour ouvrir ensemble une nouvelle page de notre histoire.

Table des matières

Troisième partie

CE QUE JE VEUX

Retrouvez ici l'intégralité de mon projet
pour la France

La photocomposition de cet ouvrage
a été réalisée par
GRAPHIC HAINAUT
30, rue Pierre-Mathieu
59410 Anzin

MIXTE
Papier issu de
sources responsables
FSC® C003309
FSC
www.fsc.org

L'éditeur de cet ouvrage s'engage dans une démarche
de certification FSC® qui contribue à la préservation
des forêts pour les générations futures.

Pour en savoir plus :
www.editis.com/engagement-rse/

Imprimé en France par CPI
en mars 2022

N° d'édition : 63790/01
N° d'impression : 168150